辽宁信息技术职业教育集团教学科研成果

辽宁省信息技术优秀科研成果选编一

王雨华　丛书主编
王雨华　马　彪　主　编
阎卫东　主　审

北京理工大学出版社
BEIJING INSTITUTE OF TECHNOLOGY PRESS

内容简介

为推进辽宁省职业院校教师科研实践水平，提升职业院校服务区域经济能力，辽宁信息技术职业教育集团组织开展了辽宁省职业院校教师科研成果评审，并对获教师进行表彰。为进一步鼓励教师积极参加科研实践，营造良好的科学研究氛围，集团对获奖科研成果择优编辑出版。

版权专有　侵权必究

图书在版编目（CIP）数据

辽宁省信息技术优秀科研成果选编. 一 / 王雨华，马彪主编. —北京：北京理工大学出版社，2019.7
ISBN 978-7-5682-7151-6

Ⅰ. ①辽… Ⅱ. ①王… ②马… Ⅲ. ①信息技术–科技成果–汇编–辽宁 Ⅳ. ①G202

中国版本图书馆 CIP 数据核字（2019）第 120820 号

出版发行 /	北京理工大学出版社有限责任公司
社　　址 /	北京市海淀区中关村南大街 5 号
邮　　编 /	100081
电　　话 /	（010）68914775（总编室）
	（010）82562903（教材售后服务热线）
	（010）68948351（其他图书服务热线）
网　　址 /	http://www.bitpress.com.cn
经　　销 /	全国各地新华书店
印　　刷 /	北京虎彩文化传播有限公司
开　　本 /	710 毫米×1000 毫米　1/16
印　　张 /	12
字　　数 /	230 千字
版　　次 /	2019 年 7 月第 1 版　2019 年 7 月第 1 次印刷
定　　价 /	54.00 元

责任编辑 / 朱　婧
文案编辑 / 朱　婧
责任校对 / 周瑞红
责任印制 / 施胜娟

图书出现印装质量问题，请拨打售后服务热线，本社负责调换

编委会

主　编　王雨华　马　彪
主　审　阎卫东
副主编　宋　来　杨中兴　杨晶杰
　　　　李忠智　王　颖　张　淼
　　　　李君实　黄　彬　李图江

前言
Preface <<< <<<

  为推进辽宁省职业院校教师科研实践水平，提升职业院校服务区域经济能力，辽宁信息技术职业教育集团组织开展了辽宁省职业院校教师科研成果评审，并对获奖教师进行表彰。为进一步鼓励教师积极参加科研实践，营造良好的科学研究氛围，集团对获奖科研成果择优编辑出版。

  本书由辽宁建筑职业学院王雨华教授、马彪教授主编，沈阳建筑大学阎卫东教授主审。本项工作得到辽宁建筑职业学院、辽宁交通高等专科学校、沈阳职业技术学院、辽宁职业学院、辽宁水利职业学院、辽宁工程职业学院、辽阳职业学院等院校的支持，特别得到北京理工大学出版社的大力支持，在此表示感谢。

  由于作者水平所限，书中存在不足之处敬请读者批评指正。

编 者

目录
Contents <<< <<<

成果一　重锤料位计控制仪表 ……………………………………… (1)

    一、项目背景 ………………………………………………………… (1)

    二、产品功能与主要技术指标 ……………………………………… (2)

    三、系统总体设计 …………………………………………………… (3)

    四、系统硬件电路设计 ……………………………………………… (6)

    五、系统软件设计 …………………………………………………… (9)

成果二　公寓用电智能管理控制系统 …………………………… (17)

    一、项目背景 ……………………………………………………… (17)

    二、产品功能与主要技术指标 …………………………………… (17)

    三、系统总体设计 ………………………………………………… (18)

    四、系统硬件电路设计 …………………………………………… (20)

    五、系统软件设计 ………………………………………………… (23)

成果三　商品储存信息管理系统 ………………………………… (40)

    一、需求分析 ……………………………………………………… (40)

    二、概要设计 ……………………………………………………… (42)

    三、详细设计与实现 ……………………………………………… (49)

成果四　自动化试题生成系统 …………………………………… (52)

    一、项目背景 ……………………………………………………… (52)

    二、功能分析 ……………………………………………………… (52)

    三、模块需求分析 ………………………………………………… (54)

    四、总体设计 ……………………………………………………… (54)

成果五　高等学校后勤管理中心进销存管理系统 ……………… (77)

    一、项目背景 ……………………………………………………… (77)

    二、需求分析 ……………………………………………………… (77)

    三、总体设计 ……………………………………………………… (78)

成果六　辽宁信息技术职业教育集团微平台 …………………… (112)

    一、项目背景 ……………………………………………………… (112)

二、主要功能 ………………………………………………………（112）
三、总体设计 ………………………………………………………（113）
四、设计过程 ………………………………………………………（114）

成果七　多用温湿度控制系统 ……………………………………（129）

一、项目背景 ………………………………………………………（129）
二、主要功能与技术指标 …………………………………………（129）
三、系统总体设计 …………………………………………………（130）

成果八　招生数据管理系统 ………………………………………（151）

一、项目背景 ………………………………………………………（151）
二、需求分析 ………………………………………………………（151）
三、概要设计 ………………………………………………………（152）
四、部分源程序代码 ………………………………………………（154）

成果九　电子产品功能完整性的自动化测试系统 ………………（162）

一、项目背景 ………………………………………………………（162）
二、系统总体设计 …………………………………………………（162）
三、部分设计代码 …………………………………………………（164）

成果十　辽宁工程职业学院微信公众平台研究与开发 …………（176）

一、项目背景 ………………………………………………………（176）
二、微信公众平台的设计 …………………………………………（177）
三、功能模块的实现 ………………………………………………（178）

成果一　重锤料位计控制仪表

完成单位：辽宁建筑职业学院

完 成 人：杨中兴、原传煜、马　彪、王文魁、姜洪雁、马薪显、徐　凯、李笑岩、孙　琳、王　威、董华瑾

一、项目背景

工农业生产中，经常需要对固体状料面（如水泥、煤炭、化工、冶金、饲料、粮食等各种粉状、块状、颗粒状原料）的高度进行在线测量与控制，及时、准确地测知物料高度对于生产管理、维持工厂安全高效运行具有重要意义。

重锤料位计是用于监测料斗、筒仓和其他类型容器内粉末、颗粒料位高度的传感器。重锤料位计直接测量料仓顶部无料空间距离，间接计算出料仓内的物料高度，特别适用于水泥、冶金、煤炭、饲料、粮食、钢铁、电厂等行业，能在大粉尘、湿度变化大等极端恶劣环境下准确测量，是这方面料位的首选测量工具。

我校相关开发团队在认真研究现有产品的基础上，自主设计和开发了一款新型的重锤料位计控制仪表。该重锤料位计控制仪表已于2015年1月正式发布并量产，仪表各项功能及技术指标均达到设计要求，并成功应用于生产现场，如图1-1和图1-2所示。

图1-1　重锤料位计控制仪表

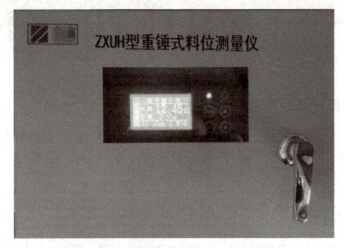

图 1-2　产品化的重锤料位计控制仪表

二、产品功能与主要技术指标

以下产品功能和技术指标是我校开发团队与某家仪表公司商讨后共同确定的。

1. 外观要求

（1）采用标准尺寸的表壳，面板设计美观。
（2）安装方式为横式，带卡具，方便安装于控制箱上。
（3）显示窗口为液晶显示屏，屏幕尺寸不小于 3.5 in×3.5 in。
（4）操作面板带有触摸式按键（至少 4 个），可进行功能设置及参数修改。
（5）带有两个指示灯，绿色灯亮表示仪表运行正常，红色灯亮表示仪表运行故障。

2. 性能要求

（1）供电电源：交流 220 V、±10%、50 Hz。
（2）带有手、自动转换功能。
① 手动：按手动启动按钮，仪表应启动一个测量周期，测量当前距离值，显示并输出相应电流值。
② 自动：启动定时检测模式后，仪表应按设定的定时时间进行循环检测。
（3）带有点动投锤、收锤功能。按投锤或收锤按键，电机正转或反转，松开则停止。此功能也可接到端子上，用于控制箱面板操作。
（4）带有脉冲步长值修正功能（仪表调试）。当测量值与实测值存在误差时，通过按键输入修正系数，使测量值与实测值相符。
（5）显示窗口为液晶显示。
① 首页画面上带有仪表公司标志和公司名称，主画面显示料位高度、空高距

离、高度百分比（光柱形式）、与高度对应的标准电流毫安值、高低位报警显示及故障报警显示。

② 功能显示画面主要包括手动控制、自动控制、点动控制、量程设定、定时时间设定、高低位报警值设定、脉冲步长值修正、密码管理等，如图1-3所示。

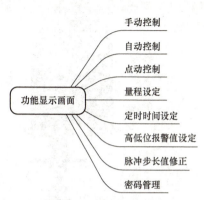

图1-3 功能显示画面

③ 手动控制画面：画面与首页相同，增加"手动控制"字样。通过按键完成手动测量。

④ 自动控制画面：画面与首页相同，增加"自动控制"字样。仪表按设定的定时时间进行自动循环测量。

⑤ 点动控制画面：画面显示"点动控制""按向下键点动投锤""按向上键点动收锤"字样。

⑥ 量程设定画面：画面显示"安装高度：××·××米""料仓高度：××·××米"。

注：安装高度≥料仓高度，测量值精确到小数点后两位。

⑦ 定时时间设定画面：画面显示"间隔时间：××××分钟"。

⑧ 高低位报警值设定画面：画面显示"高位报警：××.××米""低位报警：××.××米"。

⑨ 脉冲步长值修正画面：画面显示"请输入密码：××××"。

密码输入正确后，进入下一画面。此处采用3次测量取平均值的方法对脉冲步长值进行修正。

三、系统总体设计

1. 重锤料位计原理

重锤料位计由一次侧传感设备（以下称一次仪表）和二次侧控制仪表（以下称二次仪表）构成。一次仪表主要由可逆电机、减速器、灵敏杠杆、行程开关和霍尔开关、滑轮（内嵌永磁体）、重锤和钢丝绳等组成。一次仪表安装在料仓顶部，由二次仪表对其传感器信号进行检测，并对其电机施加控制，如图1-4所示。

重锤料位计的探测过程：二次仪表发出启动测量信号，给出电动机正转信号，经减速后带动绕线筒转动，使钢丝绳下放，带动重锤由仓顶下降。当重锤降至料面时被料面托起而失重，钢丝绳松弛，灵敏杠杆动作使微动开关接触，二次仪表得到该信号立即发出电机反转命令，重锤上升返回，直到重锤上升到接近原点处，触发霍尔开关，电机停转，重锤回到仓顶原点位置，完成一次探测过程。

料位高度与各参数的关系如图1-5所示。

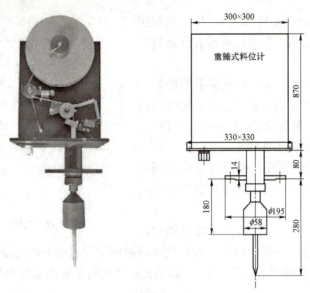

图 1-4 重锤料位计原理

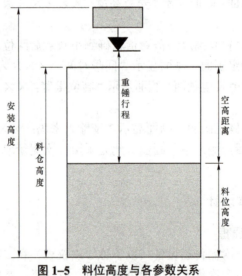

图 1-5 料位高度与各参数关系

料位高度计算公式如下：

料位高度=料仓高度-重锤行程+（安装高度-料仓高度）

空高距离=料仓高度-料位高度

在此测量过程中，重锤下放过程会通过钢丝绳带动一次表绕线轴转动，绕线轴镶嵌有永磁体，会触发霍尔元件产生脉冲序列，二次仪表通过检测此脉冲序列个数，计算出重锤从仓底到料面间的距离，经过上面公式的转换，计算出料位高度并在液晶屏上显示，同时在后面板端子上输出与料位高度对应的标准电流信号，如图 1-6 所示。

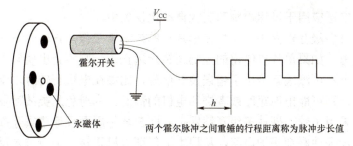

图 1-6 脉冲步长值测距原理

2. 系统构成

二次仪表微处理器采用了 51 内核单片机（STC89C58），由程序控制传感器的整个探测过程的动作并检测其信号，进行计算，在面板上通过 12864 液晶屏显示料位高度数值和空高距离数值，以光柱形式显示高度比例，并有相应的 4～20 mA 模拟电流信号输出，测量可定时自动进行，也可手动测量。系统构成如图 1-7 所示。

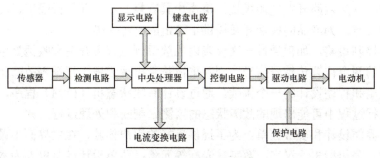

图 1-7 系统构成框图

3. 设计思路

（1）单片机信号采集和处理模块。单片机信号采集和处理模块主要完成对一次仪表所有传感器信号的采集和处理，并控制电机的运行和停止，驱动液晶屏显示等。微控制器芯片采用 STC89C58 单片机，其内部程序存储器（Flash）可达 32 kB，E^2PROM 达 29 kB，内置看门狗电路，可以满足项目设计要求。

（2）标准电流信号发生模块。物料高度除了在液晶显示器上显示，还需要转换成 4～20 mA 电流信号送给监控室。4～20 mA 电流信号是仪表常用的对外输出标准电流信号，本二次仪表采用 Analog Device 公司的 AD558 和 AD694 芯片组成标准电流信号发生模块。AD558 是一片 8 位 D/A 转换芯片，电压输出 8 位数模转换器，集成输出放大器、完全微处理器接口和精密基准电压源；AD694 为专用的 4～20 mA 单芯片电流发射器。该电路具有高精度、高线性度的特点。它具有输入缓冲放大器、U/I 转换电路、4 mA 电流偏置及其选通和微调电路、参考电压电路、输入量程选择端、开路和越限报警输出端，功能很强，使用时不接或只接很少的外部元件，广泛应用于过程控制和工业自动化仪表中。

（3）电机多级互锁保护。电机在单片机的控制下工作，正转时下放重锤，反转时收回重锤。如果单片机给出的控制逻辑永远正确，则不会出现问题。可是如果单片机由于不可测因素给出了错误控制信号，比如在电机正转时，错误地给出了反转信号，则可能出现短路或者烧坏电机的情况。为避免此类故障发生，在本仪表设计中采用了软、硬件多级互锁保护，即在软件层面设计逻辑互锁控制，在硬件层面设计硬件联锁保护电路，从根本上保证电机正转时不会进入反转状态，反转时不会进入正转状态，避免系统上电冲击或误动作使得一次表电机主、副绕组同时带电造成电机发热损坏的不良后果，保证电机的绝对安全。

（4）显示电路。传统料位仪表主要是以数码管提供显示功能，显示内容受限制。本仪表采用 LCM12864 液晶屏模组作为显示器，以点阵式取模为主要驱动方式，不仅可以显示字符、数字，还可以显示各种图形、曲线及汉字，并且可以实现屏幕上下左右滚动、动画、分区开窗口、反转、闪烁等功能。

（5）电源模块。为了提供稳定可靠的电源，同时降低产品体积，本仪表采用了+5 V 和+24 V 双路开关电源模块。该模块具有轻、小、薄、低噪声、高可靠、抗干扰的特点，为产品的成功开发提供了稳定的电源保障。

（6）控制策略。如何通过一次仪表内的放锤到位行程开关和收锤到位霍尔开关这仅有的两个位置传感器信号，判断重锤是否出现丢锤、埋锤等故障状态，是对控制策略和程序设计的一个挑战。通过设计有限状态机（FSM）程序，解决了对重锤运行过程中可能出现的故障状态的监测、判断和处理过程。

（7）界面设计和多级菜单。为了提供良好的用户体验，在主界面中设计了动画、图标、公司标志、汉字、数字、光标等元素；菜单设计借鉴以人为本的设计理念，以多级菜单展现仪表提供的诸多功能，操作方便，简单易用，使用者甚至可以在不看说明书的情况下直接完成仪表的设置和测量工作。

四、系统硬件电路设计

1. 控制板电路

控制板是系统的核心。采用 STC89C58 单片机芯片，对系统进行控制并实现参数计算。

（1）控制原理。物料高度是通过一次表输送的脉冲信号的个数计算得来。通过单片机计数器接口 P3.4 读取脉冲数，信号来自采样电路光耦合器 PC817（U3）。当按运行键（RUN）时，置位单片机 P3.7，电机正转，重锤下探；探测到位后，单片机接口 P3.2 检测到传感器（探测到位）信号（开关量）时，利用外部中断，在单片机中断服务程序内复位 P3.7，同时置位 P3.6，使电机反转；在检测到传感器（停止）信号（开关量）时，复位 P3.6，电机停止，完成一次探测。电路原理图如图 1-8 所示，印制电路板如图 1-9 和图 1-10 所示。

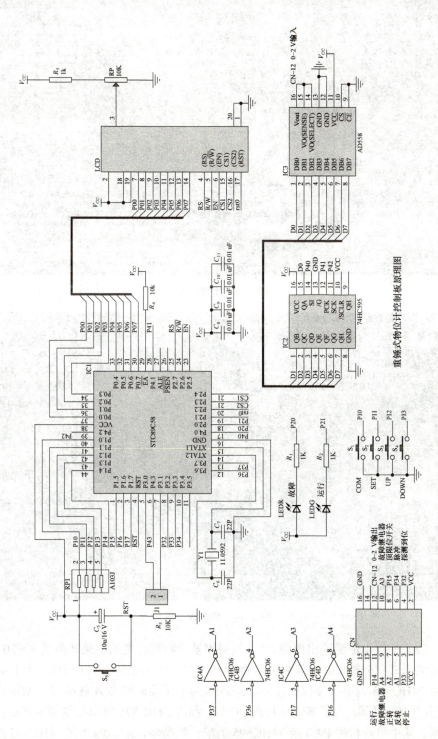

图 1-8 料位计控制板原理图

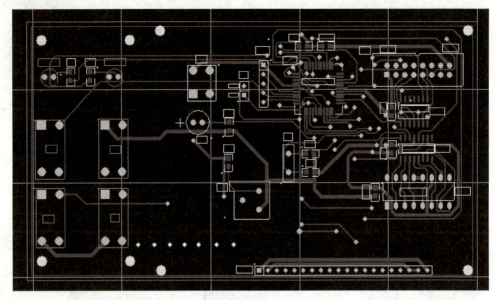

图 1-9　控制板顶层

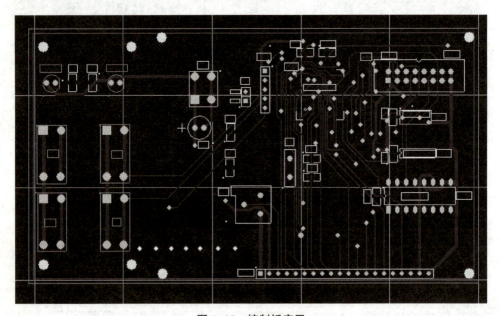

图 1-10　控制板底层

（2）程控电流源输出电路。单片机将测量的物料高度的结果转换成 4~20 mA 电流的形式向外输出。这部分电路由 74HC595、AD558、AD694 组成（图 1-11）。其中 74HC595 为串行移位寄存器，AD558 为电压输出型 D/A 转换器，AD694 为电压/电流转换器。为了节省单片机 I/O 口，利用 74HC595 将串行数据转换成并行数据。其中单片机的 P4.0 接 74HC595 的串行数据输入端，P4.2 接 74HC595 的时钟输入端，P4.1 接 74HC595 的数据锁存时钟端。经过 74HC595 转换得到的并行数据送给 AD558，由 AD558 将数据转换成 0~2.56 V 电压，这个电压值送给 AD694，即完成电压与电流的转换过程。

（3）键盘与显示电路。本系统设计了 4 个独立式键盘。其中 RUN 为运行键，接单片机 P1.0 口，控制仪表的测量动作。SET 键为参数设置键，接单片机 P1.1 口，按 SET 键即进入菜单目录。"▲"键和"▼"键为上升键和下降键，分别接单片机的 P1.2 口和 P1.3 口，这两个键的作用是进行子菜单选择。显示电路由 LCM12864 液晶显示器完成。其中 LCM12864 的数据端 D0 口接单片机的数据端 P0 口，数据/命令选择端 CS 接单片机的 P2.7 口，读/写选择端 R/W 接单片机的 P2.6 口，使能信号 EN 接单片机的 P2.5 口，复位端 RST 接单片机的 P2.2 口。LCM12864 液晶显示器可以显示 4 行汉字、图表和动画。

2. 电源与驱动电路

（1）电源直接采用 24 V 和 5 V 开关电源板，这里不再赘述。

（2）驱动电路。驱动电路只是接收控制电路的控制信号，将小信号放大，完成对一次表的控制。原理图如图 1-11 所示，印制板图如图 1-12 和图 1-13 所示。控制重锤的上升（P1.4）和下降（P1.5）信号接 74HC244 驱动器的 2A1 和 2A2 输入引脚，由 74HC244 的 2Y1 和 2Y2 输出引脚控制三极管（9014）VT_1 和 VT_2 开和关。再由三极管控制两个直流继电器（KM1 和 KM2），完成对重锤的上提和下降。另外两个继电器（KM3 和 KM4）是故障报警继电器，分别由单片机的 P1.6 和 P1.7 来控制。

（3）保护电路。为保护一次表的电机不受损坏，特意设计了多 1 联锁保护电路。它由与非门和二极管组成，当系统上电或故障时，一旦控制端出现全 1 的高电平信号时，保证输出端全为低电平，有效地保护了一次表的电机不被损坏。

五、系统软件设计

系统软件的设计主要包括主程序流程、初始化程序、硬件设备的驱动程序、信号检测程序、系统状态机程序等子程序模块，采用 C 语言进行编程，下面依次介绍各主要子程序模块的功能和流程。

1. 主程序模块

主程序工作过程如下。

① 初始化。

② 检测按键。

③ 启动系统状态机。

主程序流程图如图 1-14 所示。

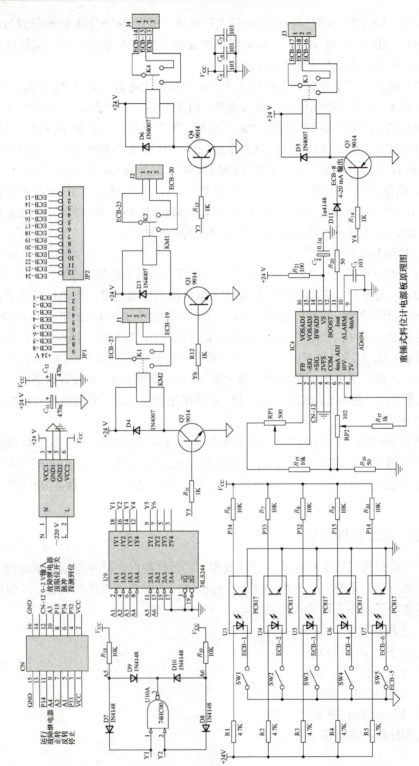

图 1-11 料位计电源驱动板原理图

成果一 重锤料位计控制仪表

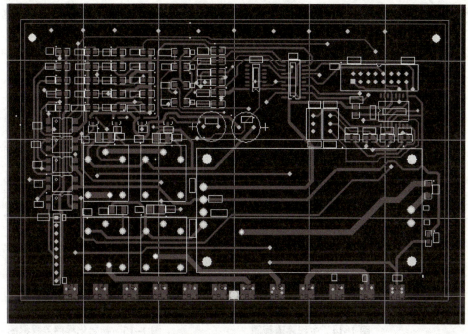

图 1-12 驱动板顶层

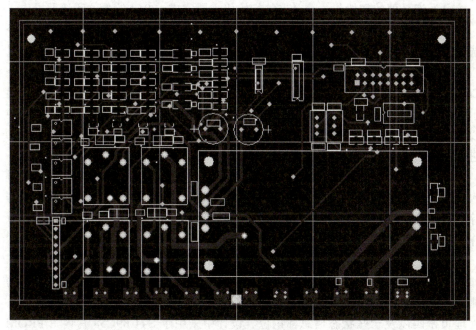

图 1-13 驱动板底层

2. 初始化流程

系统上电后即进入初始化程序,主要包括液晶屏的初始化、重锤状态检测、

E^2PROM 初始化、DAC 及标准电流输出、绘制主界面和建立系统状态机。初始化流程图如图 1-15 所示。

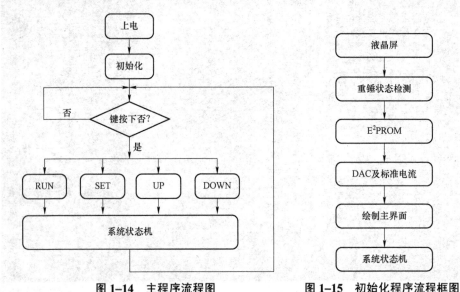

图 1-14　主程序流程图　　　图 1-15　初始化程序流程框图

（1）液晶屏的初始化。液晶屏的初始化主要完成 12864 的复位和清屏操作。

复位操作主要完成以下 4 个步骤，即通过 CommandWrite12864（0x30）指令选择基本指令集、通过 CommandWrite12864（0x0c）指令开启显示、通过 CommandWrite12864（0x01）指令清除显示并设定地址指针为 00H、通过指令 CommandWrite12864（0x06）指定在读取和写入时设定游标的移动方向及指定显示的移位。清屏操作指令为 CommandWrite12864（CLEAR_SCREEN），其中 CLEAR_SCREEN 为宏定义#define CLEAR_SCREEN0x01；最后调用 Lcd_Clear(0) 进行绘图模式清屏。以上步骤即完成液晶屏的初始化。

（2）重锤状态检测。仪表上电后应检测重锤是否在位，如果发现丢锤，应进入丢锤故障状态，禁用手、自动测量功能，同时给出报警信息，提示操作人员排除故障。检测策略为：如果刚上电（还未启动测量）即检测到放锤到位信号，意味着钢丝绳松弛，即可判断为丢锤。

（3）E^2PROM 初始化。E^2PROM 主要用来保存仪表的一些重要配置和参数，如重锤料位计的安装高度、料仓高度、最近一次设置的手自动测量模式、自动测量的定时时间间隔、高位报警值、低位报警值、开机显示上一次最后测量值、管理员密码以及一些状态信息标识位。设计中采用了 STC89C58 片内 E^2PROM 空间。

（4）DAC 和标准电流初始化。系统上电后，主界面显示上一次通电最后一次测量值，同时标准电流给出对应输出信号。程序从 E^2PROM 中读取到上一次断电前最后一次料位测量结果,通过料位高度值和料仓高度比例关系换算出对应的 0~255 的二进制数据,将这个数据写给串行移位寄存器 74HC595 芯片,该芯片将数据并行传送给 AD558 芯片,以便驱动 AD694 芯片输出对应的标准电流信号。

(5)绘制主界面。仪表面板主要由一块液晶屏、4 个按键和两个 LED 组成,系统开机后将显示公司标志及公司名称 2 s,待开机进度条跑完,则绘制图 1-16 所示主界面。该主界面左侧以柱状图形式直观显示当前料位高度及料仓高度关系,中间显示料位高度值和空高距离(以 m 为单位),下边则分别显示标准电流值、系统工作状态和手自动模式状态。

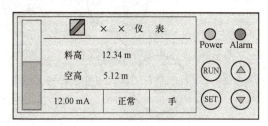

图 1-16　仪表主显示界面

(6)建立系统状态机。系统状态机是仪表工作的有限状态子集集合以及状态之间的触发和转换条件,也称为有限状态机(Finite-State Machine,FSM)。这部分内容所占篇幅较长,将在下面详细论述。

3. 系统有限状态机

有限状态机又称为有限状态自动机,是表示有限个状态以及在这些状态之间的转移和动作等行为的抽象模型,有限状态机的输出取决于当前状态和当前输入。在重锤料位计二次仪表设计中,可驱动状态机切换的事件有按键和各传感器信号,以及它们之间的不同组合形式。可抽象出来的主要状态有 Idle 状态、开始测量状态、一级子菜单等待设置状态、二级子菜单等待设置状态、高低位报警状态、丢锤故障状态、埋锤故障状态。

比如,仪表上电初始化后即进入 Idle 状态,此时显示系统主界面。在 Idle 状态可响应按键事件,进行手动测量,从而进入测量状态,或者进入一级子菜单设置状态。在测量状态,如果测量过程顺利完成,则回到 Idle 状态,并更新数据显示;如果测量结果超过上下限报警范围,则进入高低位报警状态,显示报警信息;如果测量过程中出现丢锤、埋锤事件,则进入故障报警状态,在此状态下测量功能将被禁用,系统状态机如图 1-17 所示。

4. 测量过程

当仪表处于 Idle 状态时,即显示主界面状态,可通过手动按键或者自动测量进入测量状态。启动测量后,程序将开启放锤到位中断,然后驱动电机正转放锤,

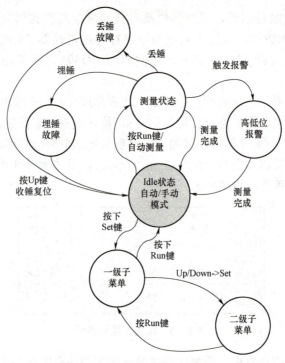

图1-17 系统状态机

同时液晶屏显示"测量中……";此时如果收到放锤到位中断信号,即刻停止电机,程序根据接收到的脉冲步长信号个数,计算出重锤下放行程,再根据安装高度、料仓高度等参数,计算出料位高度,并更新显示。然后开启收锤到位中断,进入收锤状态,驱动电机反转收锤。在收锤过程中,仍然需要检测脉冲信号,以判断是否发生埋锤;在收锤过程中仍然要保持放锤到位中断开启,以判断是否发生丢锤。丢锤和埋锤故障判断策略见下文。如果没有故障发生,在收到收锤到位中断信号后,停止电机,完成本次测量,系统回到 Idle 状态。测量过程流程如图 1-18 所示。

5. 丢锤与埋锤

丢锤和埋锤是重锤料位计比较常见的严重故障状态,如何根据有限的传感器信号判断丢锤与埋锤故障,是系统软件策略设计的一个难点。

(1) 丢锤故障的判定。根据已有的一次侧设备,只有放锤到位行程开关和收锤到位霍尔开关两个传感器信号用来标识重锤位置。其中放锤到位行程开关的动作,依靠放锤到底后,重锤所连接钢丝绳即变松弛,引起行程开关动作从而发出信号。据此可推知,在收锤过程中,在未收到霍尔开关信号前,如果检测到放锤到位行程开关信号,即意味着收锤过程中钢丝绳忽然松弛,可判定为丢锤故障。

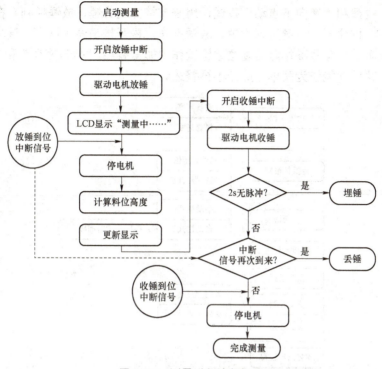

图1-18 测量过程流程框图

（2）埋锤故障的判定。在正常的收锤过程中，当单片机给出收锤信号时，电动机即开始反转收锤，这时通过钢丝绳缠绕的滑轮（滑轮内嵌有永磁体，配合霍尔开关）可检测到脉冲信号。根据这个原理，如果在启动收锤过程后一定时间内检测不到脉冲信号，意味着重锤未被收回，应进入埋锤故障状态。在此状态下应使电动机停车，避免电动机过热烧毁。

6. 系统菜单

为方便用户操作，设计了多级系统菜单。菜单设计详见图1-19。在"设置量程"子菜单里包括设置"安装高度"和设置"料仓高度"两个二级子菜单，这两个参数是仪表能够正确测量的重要参数，需要根据现场情况正确设置。"高低位报警"菜单下包括"高位报警值"和"低位报警值"两个二级子菜单，用来设置料位高度的上下限报警值，超出范围仪表给出报警信息。"手自动切换"菜单下包括"手动模式"和"自动模式"两个二级子菜单，如果选择了"自动模式"，还可以通过"定时间隔"三级子菜单设置自动测量的间隔时间。"脉冲步长值"用来设定两个脉冲信号之间重锤的行程，是脉冲步长值的快速设置方法。"误差校正"通过3次测量取平均值的方法计算出脉冲步长值并设置生效。之所以提供3次测量取平均值的方式，是因为一次设备的绕线滑轮在加工过程中会存在一定的公差，通过3次测量取平均值可以得到正确的脉冲步长值。"点动控制"菜单下包括"▲向上点动"收锤和"▼向下点动"投锤,用来支持点动收锤、放锤控制,在点动控制界面下,按住上、下键进行收锤、放锤操作,松开按键停止操作。该功能在仪表维护或者丢埋锤故障排除后复位重锤操作中非常有用。"修改密码"和"恢复出厂设置"菜单功能较为简单,此处不再赘述。

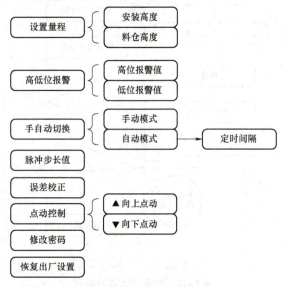

图1-19 多级系统菜单结构框图

成果二　公寓用电智能管理控制系统

完成单位：辽宁建筑职业学院

完 成 人：马　彪、孙　琳、孙少华、孙艳霞、王永东、迟　旭

一、项目背景

随着时代的发展，校园学习与生活的内容也变得丰富多彩起来，计算机、电视机等电器越来越多地走进了学生的日常生活。学校对学生集体公寓采取的限量限时的供电方式（只在晨、午、晚提供照明供电）已越来越不适应发展的需求，在此基础上，针对学生用电管理提出两个新的理念。

（1）预收费：实行先收费再用电的管理理念。

（2）即时用电管理：让后勤管理人员能适时、有效地对学生的用电情况进行了解、控制。

应当说学生集体公寓电力商品化的首要原因和目的，在于为学生们提供一个符合时代发展的良好的学习与生活环境，而今天公寓服务的商业化方向使它更趋必要。

辽宁信息职业技术学院（现辽宁建筑职业学院）原有在校生 4 000 多人，学院当时尝试进行全面改革，后勤成立了多个管理中心。学院能源中心与公寓管理中心决定对学生公寓用电实行计量收费，急需一种集电能计量与管理于一体的智能电能计量管理设备，决定由当时的电子信息系教师自行开发研制，如图 2-1 所示。

该系统于 2004 年 3 月 1 日在辽宁信息职业技术学院新建大学生公寓投入使用。系统的各项功能及技术指标均达到设计要求。

二、产品功能与主要技术指标

1. 产品功能

（1）准确计量各间用电量。计量误差范围控制在 0.4% 左右，大大高于标称的 2% 要求。

（2）用电器自动识别、关断。自动识别电热器类用电器，并通过短暂停电予以警告，然后恢复送电；若继续使用该类用电器，则再次停电并不再恢复，须管理员处理后视情节决定是否送电。

图 2-1　公寓用电智能管理系统

（3）定时自动送电、停电。根据学院的作息时间实现各房间定时送电、停电，并对欠费房间自动停电。

（4）用户登录。实现交费登录、入住登录、退房登录等。

（5）电量查询。可进行房间电量、欠费告警、超限用电、欠费关断等各种查询。采用覆盖式数据记录，即1个月结束后，只保留最后一天的记录。用电信息以月为单位，保留6个月，以日为单位，保留1个月。

（6）打印功能。打印交费收据、总交费及电量、查询结果等。

2. 主要技术指标

额定工作电压：220 V（50 Hz）；额定电流：5（40）A；脉冲常数：1 600 imp/kWh；精度等级：2级；使用环境温度：−40～60 ℃。

三、系统总体设计

1. 系统构成

该系统主要由电量采样板（AD7755）、单片机数据采集处理板、用电量显示板、微机数据库管理控制等组成，如图2-2所示。

2. 设计思路

（1）电量采样板。电量采样板核心电路是由 AD7755E 组成的电量模数转换电路。AD7755E 是一种高准确度的电能测量集成电路，它能将通过采样电阻（锰铜合金制成）获取的电流采样信号与电压采样信号在芯片内部实现电能计量累加运算，并在内部实现 A/D 转换，以脉冲方式输出供给机械计度器及单片机数据处理使用。输出脉冲频率通常可设定为 1 600 imp/kWh 或 3 200 imp/kWh，本系统采用 CF 输出为 3 200 imp/kWh 供单片机进行计量处理。电量采样板上另一部分电路是磁保持继电器控制电路，磁保持继电器用于通断负载控制，采用正、负脉冲信号进行开、关驱动。驱动电路可用晶体管电路实现，也可用专用集成芯片实现，本系统采用集成电路 BH3024 实现继电器驱动控制。

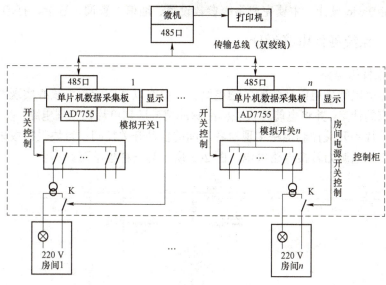

图 2-2　系统构成框图

（2）单片机数据采集处理板。单片机数据采集处理板采用卡式结构插在母板上，巡回采集处理 16 个采样板（对应 16 个房间）的用电量数据，并可实现对各房间电源的通断控制。芯片采用 89S52 单片机，内置看门狗电路。利用 P0 口进行地址编码，P1 口进行显示、数据存储、采样板地址译码与继电器驱动等。为保证掉电后数据不丢失，采用 E^2PROM 实现电量等数据保存。存储器采用 I^2C 总线芯片 24LC16B，可节省单片机口线，简化电路结构及节约成本。利用 75LBC184 芯片实现 RS-485 通信接口，采用带屏蔽双绞线实现与微机串行通信。

（3）显示板电路。本系统采用 12 位 LED 显示器（房间号 3 位、剩余电量 3 位、用电量 6 位）通过连线安置于控制柜面板上。若采用普通的 LED 并行显示方式须扩展单片机接口，电路复杂、成本高。本系统利用 3 片 74HC595A 芯片实现 12 位串行 LED 显示，该芯片可实现串行输入、并行输出。使用时，在串行时钟的控制下，可将显示器位控码与段控码逐位串行输入至 3 个芯片中，然后利用锁存信号实现并行输出，完成 12 位数码显示更新。利用此显示方式仅占用单片机 3 根口线，极大地节约单片机口线资源。采用串行数据输入，显示速度相对较慢，实际使用时显示效果稳定、可靠。

（4）母板。母板主要实现 16 个房间电量数据及开关控制信号与单片机系统的通信联系。利用一片译码器 74HC154 通过对三态门 74425 的选通控制实现对 16 个房间用电量的巡检；利用两片模拟开关 CD4067 实现对 16 个房间磁保持继电器的通断控制。

（5）微机数据库管理控制系统。各单片机子系统通过 RS-485 协议与微机实现串行通信。本系统利用微机实现各房间用电量的集中管理与控制，系统软件采用 Visual Basic 设计，主要完成系统参数设置、通信、查询、登录、打印等功能。

四、系统硬件电路设计

1. 采样板电路

采样板电路为电能计量的关键电路。该电路以 AD7755 为核心实现对公寓各房间用电的计量，并将电能转换成标准脉冲信号送到单片机处理电路；以 BH3023 为控制芯片的开关控制电路实现对各房间的自动开关控制；每块采样板采用单独设计的 5 V 电源为转换电路供电。图 2–3 所示为采样板电路。

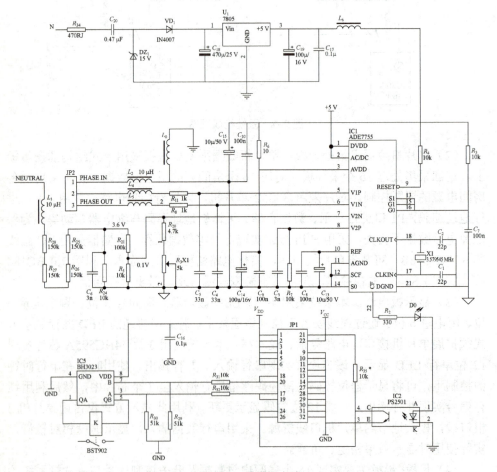

图 2–3　采样板电路

（1）采样电路。通过采样电阻（锰铜合金制成）获取的电流采样信号由芯片 5、6 脚输入，经过可变电阻网络 R_{28}、R_{27}、R_{26}、R_{25}、R_{24}、R_{21}、R_{20}、R_5、R_x 等衰减后的电压采样信号由芯片 7、8 脚输入，两路信号在芯片内部实现电能计量累加运算，并在内部实现 A/D 转换，以脉冲方式由 23、24 脚输出供给机械计度器，由22脚输出经光耦隔离后再经母板插座通过选通的三态门输入到单片机的P3.4脚进行数据采集与处理。输出脉冲频率通常可设定为1 600 imp/kWh或3 200 imp/kWh，本系统工作参数设定在1 600 imp/kWh。图中R_x为电阻衰减网络，可进行电压信号衰减及表表精度调节，具体电路及参数详见AD7755应用手册。电感L_0、L_1、L_2、L_3、L_4、L_5用于抑制电网干扰。系统采用模拟地与数字地分离接地方式，通过电感L_0实现直流共地并阻隔交流干扰。

（2）开关控制电路。开关控制电路实现对相应房间电源的自动开、关控制，其核心器件是磁保持继电器及其驱动电路芯片BH3023。磁保持继电器区别于普通继电器的特点在于继电器一经触发即可保持开启与关断状态，触发信号撤销后继电器状态不变，因而无须保持触发信号。驱动芯片BH3023较采用分立晶体管驱动电路具有线路简洁、可靠的优点，因而在电子电能表中被广泛采用。来自单片机P1.6、P1.7的开、关控制信号经光电隔离送至BH3023的输入端B、A，经输出端QA、QB控制继电器的通、断，从而实现对房间电源的开、关控制。电阻R_{29}、R_{30}既是光耦电路的输出电阻，也是驱动电路BH3023的输入电阻。

（3）采样板电源电路。每块采样板的电能采样电路均采用单独电源供电，以避免各采样板通过共地造成各房间火线相连（采样电路为火地）产生干扰与危险。采样电路电源设计采用交流电，通过电容降压的方式整流、滤波后经稳压电路输出。由于所需电流较小，稳压电路采用小功率的78L05实现稳压，此电源仅供采样芯片AD7755使用。各继电器驱动电路所需电源由12 V开关电源集中供电，整个系统由4个控制柜组成，每个控制柜使用一个12 V开关电源。在此切记不要将采样电路电源地与开关电路电源地（也是系统信号地）混在一起。

2. 单片机数据处理与通信电路设计

图2-4所示为单片机数据处理与通信电路。

（1）单片机数据处理电路。系统采用AT89S52单片机，内置8 KB的在系统可编程Flash存储器及看门狗电路，且与80C51指令系统与外部引脚完全兼容。单片机数据采集处理板采用卡式结构插在母板上，巡回采集处理16个采样板（对应16个房间）的用电量数据，并可实现对各房间电源的通断控制。利用单片机P0口进行地址编码，P1口进行显示、数据存储、采样板地址译码与继电器驱动等。为保证掉电后数据不丢失，采用E^2PROM实现电量等数据保存。存储器采用I^2C总线芯片24LC16B，可节省单片机口线，简化电路结构及节约成本。

（2）通信电路。利用75LBC184芯片实现RS-485通信接口，采用带屏蔽双绞线实现与微机串行通信。该芯片具有防止强电磁（雷电）冲击能力，其连接网络节点数标称最大值为64点。上位机采用有源RS-232、RS-485转换器实现两种串行通信方式的接口转换。图2-4中RO及DI端配置上拉电阻R_3及R_4，可起到防止干扰的作用；为保证系统上电时的RS-485芯片处于接收输入状态，对于

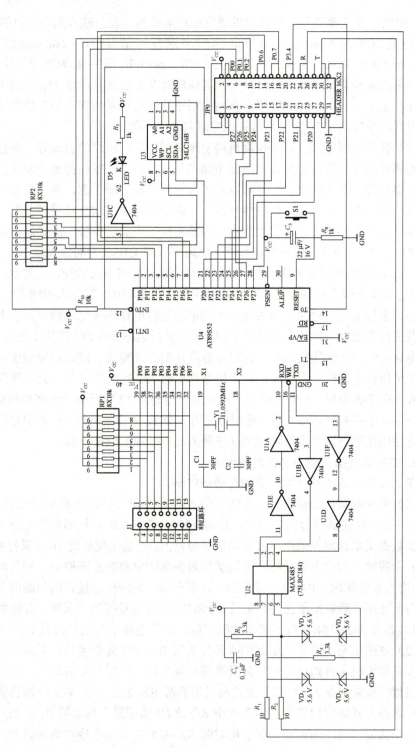

图 2-4 单片机数据处理与通信电路

收发控制端 TC 采用 MCU 引脚通过反相器进行控制,以防止 MCU 上电时对总线的干扰;电阻 R_1、R_2 为隔离电阻,可阻止某一 485 芯片损坏对总线的影响;二极管 D1、D2、D3、D4 用以消除线路浪涌干扰。

3. 显示电路设计

系统采用 16 个房间用电量巡回显示方式,显示板置于控制柜前面板上,供管理人员及用户查询。每个单片机系统巡回检测、处理、控制 16 个房间,并将显示数据送至显示器巡回显示。图 2-5 所示为显示板电路原理,采用 12 位 LED 显示器(房间号 3 位、剩余电量 3 位、用电量 6 位)。

若采用普通的 LED 并行显示方式需扩展单片机接口,电路复杂、成本高。本系统利用 3 片 74HC595A 芯片实现 12 位串行 LED 显示,该芯片可实现串行输入,并行输出。使用时,在串行时钟的控制下,可将显示器位控码与段控码逐位串行输入至 3 个芯片中,然后利用锁存信号实现并行输出,完成 12 位数码显示更新。利用此显示方式仅占用单片机 3 根口线,极大节约单片机口线资源。采用串行数据输入,显示速度相对较慢,实际使用时显示效果稳定、可靠。

4. 母板电路设计

图 2-6 所示为母板电路。为方便调试与维护及增加系统的可靠性,本设计采用板卡式结构。每个母板上插有一块单片机数据处理板及 16 块电能采样电路板(对应 16 个房间用电采样计量),并通过母板输出显示数据到控制柜上的显示板,用于巡回显示该母板对应的 16 个房间的相关显示信息。图中 JP0 为单片机数据处理板插座,JP1~JP16 为电能采样电路板插座,J0 为 RS-485 通信插座,通过双绞线与上位机实现串行通信,J1 为显示插座,用于与显示板连接。来自单片机 89S52 的地址选通信号 P2.4、P2.5、P2.6、P2.7 通过 JP0 送至译码器 74LS154 的地址输入端,巡回选通由 425 芯片构成的三态输出电路,实现对 16 个采样板电路的巡检。某房间的电能采样信号通过被选通的三态门由数据总线经 JP0 插座输入到单片机 89S52 的 P3.4 引脚。来自 89S52 的房间开关通、断选择信号 P2.0、P2.1、P2.2、P2.3 通过 JP0 同时送至两模拟开关芯片 CD4067 的地址输入端,实现对 16 个房间中的某一房间选择,来自单片机 P1.6、P1.7(对应房间的开、关为一对高低电平互补信号)的开关控制信号经 JP0 送至 CD4067 的信号输入端,并依地址选通信号送至相应的电能采样板实现对某一房间开关的自动控制。来自单片机 P1.0、P1.1、P1.2 的显示数据经 J0 送至显示板电路实现 16 个房间用电信息的巡回显示。

五、系统软件设计

本系统软件由上位机软件与下位机软件两部分组成,上位机软件用 Visual Basic 编制,下位机软件用汇编语言编制。笔者主要承担了下位机汇编语言程序的编制。在此这里主要介绍下位机软件模块功能与软件流程。

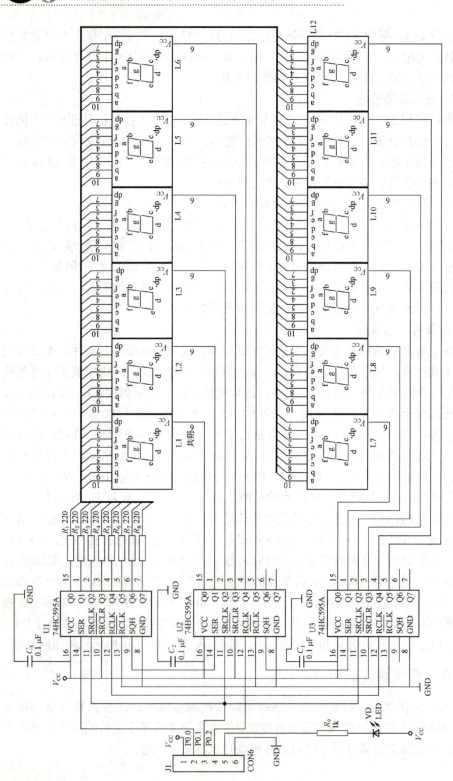

图 2-5 显示极电路

公寓用电智能管理控制系统

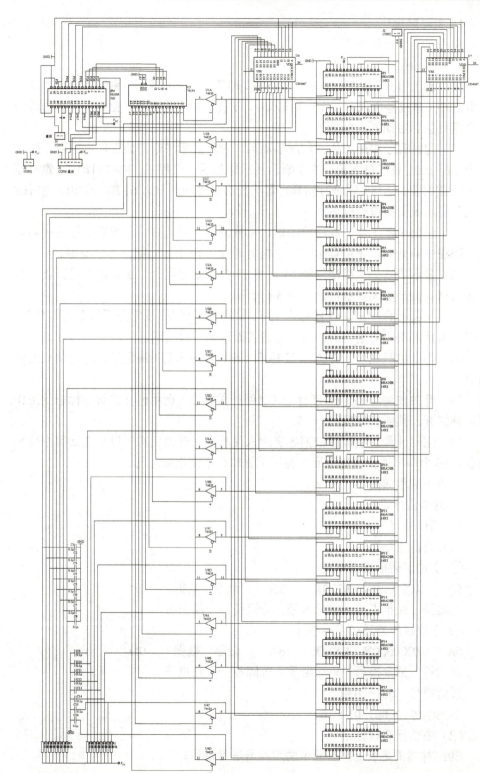

图 2-6 母板电路

1. 主程序模块

主程序工作过程如下。

（1）初始化。

（2）启动方式。系统分 3 种启动方式，即第一次上电启动（系统第一次启动）、掉电启动（系统停电或重新上电后启动）、干扰启动（系统由于受到干扰等由看门狗电路复位后启动）。

（3）定时显示中断工作。程序启动后，定时显示中断开始工作。中断定时时间为 1.67 ms。系统每响应一次中断，显示器显示一位数字。同时启动 3 s 定时器与 30 s 定时器。若 3 s 定时时间到，置更新显示缓冲区标志 61 H；若 30 s 定时时间到，置用电负荷检查标志。

（4）通信中断工作。程序启动后，串行通信中断开启。若判断上位机呼叫本机，则在中断处理程序中置位通信数据处理标志 65 H；否则该标志清零。

（5）显示更新。主程序依据 61 H 标志（3 s 定时到否）决定是否更新显示缓冲区数据。每个房间显示信息保持 3 s 时间。

（6）负荷检查。依据 63 H 标志（30 s 检测周期到否）决定是否检查用电负荷，根据负荷状态决定对用电房间进行警告关断或惩罚性关断。

（7）与上位机通信。依据 65 H 标志（是否呼叫本机）决定是否与上位机继续通信。

（8）开关控制。依据 68 H 标志（房间开关状态）调用读开关状态标志到工作区，并打开、关断相应房间。

（9）巡回计量。主程序依据各房间入住状态（开关状态）进行巡回用电检测计量。16 个房间巡检完毕返回主循环重置软件陷阱继续运行。

主程序流程如图 2-7 所示。

2. 通信程序设计

1）通信协议

（1）通信指令格式。

① 上位机通信指令格式：

5A　　0X 0X 0X　　0X 0X　　5A　　命令　　数据　　0D
起始符　采集板号　单元卡号　分隔符　　　　　　　结束符

② 下位机应答通信指令格式：

6A　　0X 0X 0X　　0X 0X　　6A　　命令　　数据　　0D
起始符　采集板号　单元卡号　分隔符　　　　　　　结束符

采集板号：001～030。

单元卡号：（00）01～16。

（2）通信指令解释。

E0：对某采集板上某单元卡的房间号进行操作。

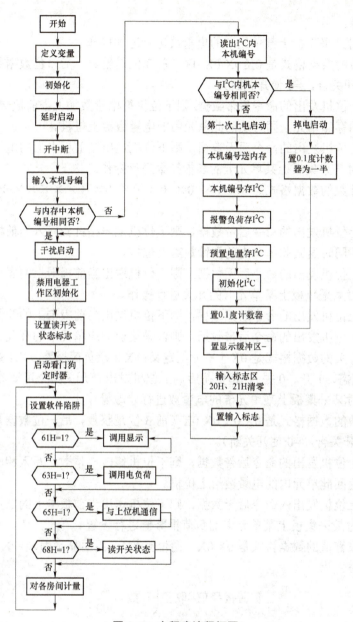

图 2-7 主程序流程框图

房间号的数据格式是 0X 0X 0X 0X（第一位是楼号，后 3 位是房间号，BCD 码）。

如果上位机发出的命令后带数据，则下位机把房间号写入当前板卡对应的存储单元，同时返回此单元内的房间号给上位机。

如果上位机发出的命令后无数据，则下位机读相应的存储单元，送出当前板卡的房间号。

E1：对某采集板上某单元卡的电量数进行追加操作。

电量数的数据格式是 0X 0X 0X 0X（前3位是整数，后一位数据是.0控制开关，=1使开关合，=0使开关断）。

如果上位机发出的命令后带数据，则下位机把电量数加上当前板卡的电量数，写入相应的存储单元，同时返回此单元内的电量数给上位机。

如果上位机发出的命令后无数据，则下位机送出当前板卡上的电量数。

E2：对某采集板上某单元卡的表指针数进行操作。

表指针数的数据格式是 0× 0× 0× 0× 0× 0×（××××.× 6位表指针数）。

如果上位机发出的命令后带数据，则下位机把表指针数写入当前板卡对应的存储单元，同时返回此单元内的指针数给上位机。

如果上位机发出的命令后无数据，则下位机送出当前板卡上的表指针数。

E3：对某采集板上某单元卡的开关进行操作。

如果上位机发出的命令后无数据，则下位机送出当前板卡上的开关状态。

如果上位机发出的命令后带数据，则该采集板响应单元卡的开关。

控制开关的数据格式是 0X（X为位定义：X.2 超负荷报警，X.1 剩余报警，X.0 开关状态，1开、0关）。超负荷后，上位机发出合开关指令可清此位。

E4：对某采集板上某单元卡的电量数进行修改操作。

电量数的数据格式是 0X 0X 0X 0X（前3位是整数，后一位数据是.0控制开关，=1使开关合，=0使开关断）。

如果上位机发出的命令后带数据，则下位机修改电量数，写入相应的存储单元，同时返回此单元内的电量数给上位机。

如果上位机发出的命令后无数据，则下位机送出当前板卡上的电量数。

E5：对某采集板上某单元卡的负荷报警值进行设置。

负荷报警值的数据格式是 0X 0X（两位整数），界面显示为××××（W）。

计算公式为

$$负荷报警值 = 取整\left(瓦数 \times \frac{4}{300}\right)$$

如果上位机发出的命令后带数据，则下位机修改负荷报警值，写入相应的存储单元，返回此单元内的负荷报警值给上位机。

如果上位机发出的命令后无数据，则下位机送出当前板卡上的负荷报警值。

E6：对某采集板上某单元卡的电量报警值进行设置。

电量报警值的数据格式是 0X 0X 0X 0X（4位整数）。

如果上位机发出的命令后带数据，则下位机修改电量报警值，写入相应的存储单元，返回此单元内的电量报警值给上位机。

如果上位机发出的命令后无数据,则下位机送出当前板卡上的电量报警值。

C0:读某采集板上 1~16 单元卡的全部表指针数。

单元卡号为 00 00,上位机发出命令时无数据项,下位机接收命令后返回表指针数××××××××,六位表指针数,一位状态位。

C1:对某采集板上某单元卡的表指针数进行读操作。

单元卡号为 01~16,上位机发出命令时无数据项,下位机接收命令后 6 位表指针数(5 整 1 小)1 位状态位。

上位机发出命令后,等待接收数据,下位机返回的数据前面命令部分的采集板号和单元卡号应与上位机发出的相一致。

2)通信中断子程序流程

通信中断子程序流程如图 2-8 所示。

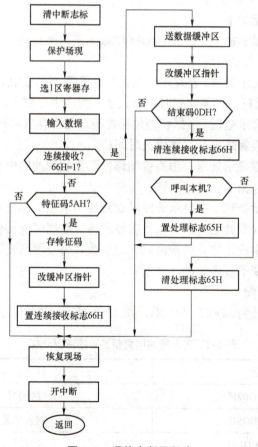

图 2-8 通信中断子程序

3. 显示程序设计

系统采用 12 位 LED 及一位发光二极管显示方式。3 位 LED 显示房间号,3

位 LED 显示剩余电量，6 位 LED 显示表指针（即用电量：5 位整数，1 位小数）；1 位发光二极管作报警显示标志。

1）系统显示方式

（1）正常工作显示。12 位 LED 显示器巡回显示 16 个房间的用电信息，每个房间信息显示时间为 3 s，发光二极管熄灭。

（2）电量不足显示。当某个房间所购电量不足时，3 位剩余电量与发光二极管均作闪动显示，亮、灭时间为 200 ms。

（3）负荷报警显示。当某个房间使用限用电器时，发光二极管闪动显示报警。

本系统显示电路硬件主要由 3 片 74HC595A 芯片实现，软件主要由显示缓冲区更新子程序及定时显示中断子程序实现。下面对这两个子程序的功能及实现方式简介如下。

2）显示缓冲区更新子程序

该程序主要功能如下。

（1）更新正常显示数据。由 E^2PROM 中取出某房间待更新数据，并将其转换成非压缩 BCD 码送入显示缓冲区。

（2）电量不足显示处理。若有剩余电量不足报警，即 ACC.1=1，则向 0DDH～0DFH 三单元送熄灭符，以便在定时中断显示子程序中作剩余电量闪动显示。

（3）负荷报警显示处理。根据状态位标志确定是否有负荷报警。若 ACC.2=1，则有报警，发光二极管熄灭，并置熄灭时间。

（4）表指针灭零显示处理。由高位始逐位取显示缓冲区中表指针数据，若为零，则向相应数据存储单元送熄灭符。

（5）小数点显示处理。在显示缓冲区 0DBH 中取出表指针小数位数据，加上段码表指针调整值（此处为 12），以便在显示该位数据时能够使用小数段码表进行段码转换（程序中设正常共阴极段码表与小数共阴极段码表）。

显示缓冲区更新子程序如图 2-9 所示。

3）系统资源分配

显示缓冲区地址为 0D0H～0DCH，共 13 个显示缓冲区，分配见表 2-1。

表 2-1 显示缓冲区更新子程序资源分配

地址	存储内容
0D0H～D02H	房间号
D03H～0D5H	剩余电量
0D6H～0DBH	表指针
0DCH	开关状态
0DDH～0DFH	报警用剩余电量与熄灭符

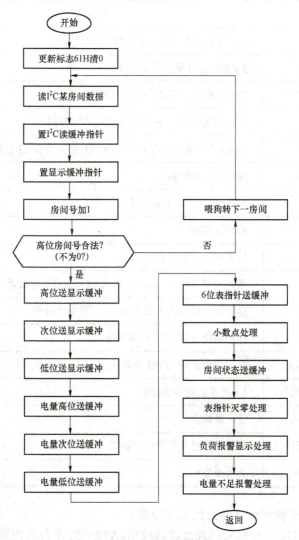

图 2-9 显示缓冲区更新子程序

4. 定时显示中断子程序

主要功能如下。

（1）以 1.67 ms 定时中断方式实现一位字符显示。

（2）实现 3 s、30 s 定时器功能。

（3）实现软件抗干扰设计。

其资源分配见表 2-2。定时显示中断子程序如图 2-10 所示。

表 2–2 显示中断子程序资源分配

系统资源	使用功能
定时器 T0	1.67 ms 定时，每次中断显示一位字符
30H（TIM3）	3 s 定时器（更换显示用）
31H（TIM3）	30 s 定时器（用电负荷检查用）
33H	200 ms 定时器（决定低电量时闪动时间）
34H（DS20）	20 ms 定时器（1.67 ms×12≈20）用于表征 12 位字符是否显示完
35H（DSXJ）	软件陷阱定时器
36H	200 ms 定时器（报警灯闪动时间）
R0	缓冲区指针
R1	用于段码、位控码组合
R2（0AH）	喂狗周期［1.67（ms）×4≈6.68（ms）］计数器
R3、R4、R5（1 区）	存段码、位控码并组合成 20 位混合串行码
0EH（1 区 R6）	存初始位控码 07H 及调整值
0FH（1 区 R7）	存初始位控码 0FFH 及调整值
61H（2CH 单元）	3 s 周期更新显示标志
62H（2CH 单元）	低电量标志
63H（2CH 单元）	30 s 周期用电负荷检查标志
67H（2CH 单元）	负荷报警标志

5. 软件抗干扰设计（看门狗工作原理）

（1）AT89S52 单片机看门狗定时器应用。AT89S52 单片机内置看门狗定时器。本系统晶振频率选用 11.059 2 MHz，故机器周期约为 1.085 μs。AT89S52 单片机看门狗电路须在其看门狗计数器到达最大计数值 8191 之前［即在 1.085（μs）×8 191≈8 887（μs）=8.887（ms）时间内］重置其看门狗定时器（地址为 0A6H），以保证看门狗定时器不产生系统复位。本系统软件设计时，在定时显示中断程序中进行喂狗操作。每四次定时显示中断（即显示 4 位字符）时进行喂狗，喂狗时间周期近似为 1.67（ms）×4≈6.68（ms）＜8.887（ms）。故当系统程序正常运行时，看门狗定时器不会产生溢出复位；当程序跑飞进入死循环时，程序不能在正常时间内喂狗，看门狗定时器会产生溢出复位使系统恢复正常工作。喂狗程序如下：

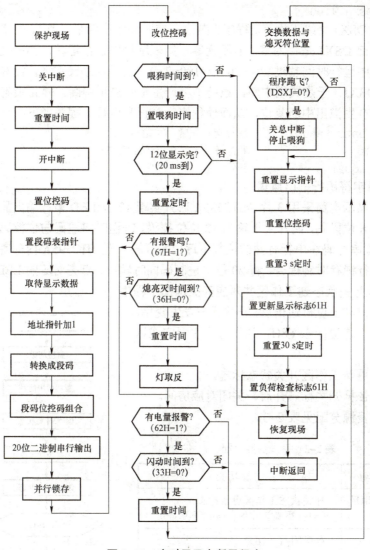

图 2-10 定时显示中断子程序

```
DJNZ R2,LOOP1        ;喂狗周期没到退出中断
MOV R2,#4            ;喂狗周期到,重置喂狗周期
MOV 0A6H,#1EH        ;重置看门狗定时器
MOV 0A6H,#0E1H
```

（2）设立看门狗安全陷阱。本系统由于是在定时显示中断中进行喂狗操作，可能造成看门狗失去作用。如在程序跑飞时，由于系统中断没有关闭，故程序可能仍可进入定时显示中断并继续喂狗，从而使看门狗定时器不能产生溢出复位。为此在软件设计时加入安全陷阱定时器 DSXJ，其定时时间为 2 s。程序正常运行时，主程序在 2 s 时间内能确保对 DSXJ 重置定时初值：

```
MOV DSXJ,#100
```

从而保证 DSXJ 始终不为零。程序正常进入定时显示中断后，当 12 位字符显示完毕后，查询 DSXJ 是否为零，若不为零，则表示程序正常运转，不做处理；若为零，主程序运行时间超过 2 s（20 ms×100=2 s），表示程序已跑飞，没有进入主程序重置 DSXJ，于是关闭中断，系统不再产生定时显示中断，停止喂狗，由看门狗定时器产生溢出中断复位，从而使程序恢复正常运行。程序如下：

```
DJNZ DSXJ,XBB0          ;程序运行正常，初始显示数据
CLR EA                  ;程序跑飞，关中断停止喂狗
SJMP LOOP1              ;返回
```

6. 单字符串行输出原理

系统显示电路采用 3 片 74HC595A 芯片实现 12 位 LED 串行输出显示，一片用于输出 8 位段码，两片用于输出 12 位位控码。编程时将段码与位控码组合成连续的 20 位串行码在串行时钟的控制下逐位串行输入至 4HC595A 内部寄存器，然后输出并行锁存时钟信号，将 20 位二进制码同时输出，点亮对应的 LED 显示器。

7. 读开关状态到工作区并对应开关房间子程序

单片机与上位机通信后，开关状态发生变化，通信程序设置位标志 68H，该子程序主要完成以下工作。

（1）更新工作区开关状态标志。

（2）依据开关标志开启、关闭对应房间。

系统资源分配见表 2–3。

表 2–3 系统资源分配

系统资源	主要功能
68H（位地址标志）	开关状态工作区更新标志（=1：更新工作区；=0：不更新）
R2	存房间数（16）
R3	存房间号（0~F）
R0	I²C 接收缓冲区首址
26H、27H	工作区开关状态标志单元

子程序流程框图如图 2–11 所示。

8. 计量程序设计

计量程序设计主要功能如下。

（1）是否计量识别。依据房间入住标志决定是否进行用电计量。

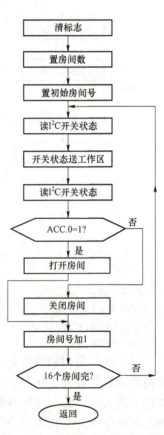

图 2–11 开关操作子程序流程框图

（2）采样计量。对电能转换板输出信号进行采样，并对脉冲下降沿进行计量。故编程时应设置各房间前一采样值（高、低电平）标志，并与当前采样值进行比较，判断是否有下降沿以决定是否 0.1 度单元作减 1 运算，如图 2–11 所示。

（3）数据保存。电量计量结果保存在 E^2PROM 中。为减少 E^2PROM 芯片读写次数，仅在电量计量达 0.1 度时进行存储，故设置 18H 作为存储更新标志。当计量达 0.1 度（即采样到 160 脉冲时）置 18H 运算存储标志。

（4）数据备份。为保证系统工作的可靠性，在 E^2PROM 中存储两套数据，并同时读出进行更新运算。若主区数据与备用区数据不等，则使用备用区数据。

系统资源分配见表 2–4。

表 2–4　系统资源分配

系统资源	主要功能
26H、27H （位地址 30H～3FH）	房间入住标志 （=1：房间开；=0：房间关）
R3（0 区）	存房间号（单元卡号 00H～0FH）
20H、21H （位地址 00H～0FH）	某房间前一输入位状态标志 （=1：高电平；=0：低电平）
10H（位地址）	暂存某房间输入位状态
50H～5FH	16 房间 0.1 度电量（初值为 160）存储单元
18H（位地址）	运算存储标志 （=1：进行电量运算存储；=0：不运算）
38H～3CH	剩余电量（2 B）与表指针（用电量 3 B）运算主工作区
0CBH～0CFH	剩余电量与表指针（用电量）运算备用工作区
0F0H	E^2PROM 发送缓冲区首址
0F8H	E^2PROM 接收缓冲区首址
68H（位地址）	剩余电量报警标志 （=1：剩余电量为 0；=0：剩余电量不为 0）

9. 负荷识别控制程序设计

系统采用独特的软件控制方式，实现对用电器的识别与控制。对于使用电热器类用电器，系统可实现对用电器自动识别，查出使用的是禁用电器后，系统自动关断该房间电源开关 30 s，给予第一次警告，并由系统自动记录，30 s 后，系统恢复供电；若该房间停止使用禁用电器，则系统取消内部警告标志，正常供电；若该房间继续使用该禁用电器，则系统查询前面的警告记录，若无警告标志记录，说明该房间是第一次使用禁用电器，给予警告性关断电源，若该房间已有警告记录，则系统再次停电并不再恢复，需管理员处理后视情节决定是否送电。此功能不但消除了消防隐患，而且极大减轻了公寓管理员的负担。该功能经实际应用，稳定、可靠；由于采用纯软件设计，降低了产品成本；限制使用电器的功率依用户要求可由计算机设定，具有使用方便的优点。此功能的实现方式为国内首创，达国内领先水平。

1）负荷识别判断工作原理

系统每 30 s 对用电房间进行检测，读取当前表指针，计算瞬时流量，判断是否超负荷。

（1）定义瞬时流量为前次表指针与本次表指针的差。设前次表指针为 E_1，本次表指针为 E_2，瞬时流量为 L，则 $L=E_1-E_2$。

$L<0$：计量不正常。

$L=0$：说明此检测期间没有使用用电器。

$L>0$：说明该房间使用用电器。

（2）计算瞬时流量差。设前次瞬时流量为 L_1，本次瞬时流量为 L_2，本次瞬时流量与前次瞬时流量差为 C，则 $C=L_2-L_1$。

$C<0$：用电负荷已减少。

$C=0$：用电负荷保持不变。

$C>0$：用电负荷增加，此时应检测所增加负荷是否大于限制值 6（即用电器功率是否超过 400 W），并根据上次检测处理结果做进一步处理（警告性断电或永久断电）。

（3）负荷报警值的计算。本系统规定超过 400 W 的用电器为超负荷，禁止使用。电能采集板的转换脉冲设计为 1 度电产生 1 600 个脉冲，即 1 600 imp/kWh，可表示为

$$1\,000\text{ W} \times 3\,600\text{ s} \rightarrow 1\,600$$

本系统负荷限制为 400 W，检测时间为 30 s，故可求得其瞬时流量（对应的脉冲数）λ。

$$\frac{1\,000 \times 3\,600}{400 \times 30} = \frac{1\,600}{\lambda}$$

$\lambda \approx 6$。

2）系统使用主要资源

系统使用主要资源见表 2-5。

表 2-5 负荷检测系统使用资源

系统资源	主要功能
26H、27H （位地址 30H～3FH）	房间入住标志 （=1：房间开；=0：房间关）
40H～4FH	存储对应 0～F 房间 0.1 度存储单元前次表指针
50H～5FH	对应 0～F 房间 0.1 度存储单元当前表指针

续表

系统资源	主要功能
0E0H~0EFH	存放前次 0.1 度存储单元两次表指针之间的差值（前次瞬时流量）
R3	存放房间号（0~F 单元卡号）

图 2-12 所示为负荷判断子程序流程框图。

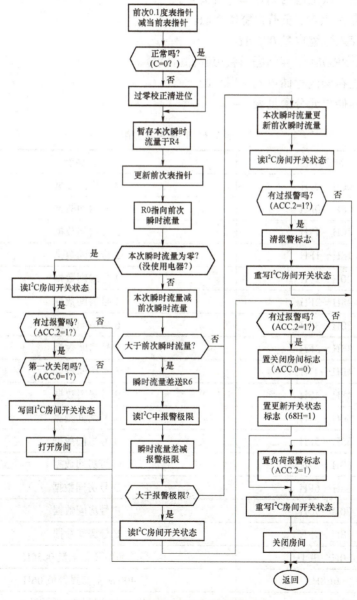

图 2-12 负荷判断子程序流程框图

10. E²PROM 存储器存储单元分配与初始化子程序

E²PROM 存储器用于保存各种数据，以防系统掉电时数据丢失。为防止存储芯片损坏，将所保存数据分别存在主存储区与备用存储区。主存储区选在芯片的 0 区（即写地址为 0A0H，读地址为 0A1H），备用存储区选在芯片的 1 区（即写地址为 0A2H，读地址为 0A3H）。该子程序完成系统第一次上电启动时对 E²PROM 的初始化，主要完成以下工作。

（1）第一次上电启动存单片机板号。
（2）存入 400W 负荷报警值 06H。
（3）存入预置电量 0050H。
（4）E²PROM 主存储区与备用存储区清零。
（5）主存储区存储单元使用分配。
（6）存储单元分配见表 2–6。

表 2–6　存储单元分配

存储单元	主要功能
00H～07H	0 号房间数据
08H～0FH	1 号房间数据
10H～17H	2 号房间数据
18H～1FH	3 号房间数据
20H～27H	4 号房间数据
28H～2FH	5 号房间数据
30H～37H	6 号房间数据
38H～3FH	7 号房间数据
40H～47H	8 号房间数据
48H～4FH	9 号房间数据
50H～57H	A 号房间数据
58H～5FH	B 号房间数据
60H～67H	C 号房间数据
68H～6FH	D 号房间数据
70H～77H	E 号房间数据
78H～7FH	F 号房间数据
0E0H～0E1H	存放初始预置电量 0050H
0E8H	存 400W 负荷报警值 06H
0F0H～0F2H	存本单片机控制板板号

（7）数据格式说明。E²PROM 中各房间数据存储格式说明如下。
每个房间数据占用 8 个存储单元：

××　××　　××　××　　××　××　××　　　××
房间号　剩余电量　　表指针　　　控制状态

控制状态字节位单元定义如下。
.0：房间开关标志。该位为 1 表示房间已关闭，为 0 表示房间打开。
.1：电量报警标志。该位为 1 表示已有电量报警，为 0 表示无报警。
.2：负荷报警标志。该位为 1 表示已有负荷报警，为 0 表示无报警。
备用存储区存储单元分配与主存储区相同。

成果三 商品储存信息管理系统

完成单位： 辽宁建筑职业学院

完 成 人： 杨晶洁、张越男

一、需求分析

1. 需求规格

（1）一般性描述。商品存储信息管理系统在安装时系统自动添加一个超级管理员，该管理员可以控制以后所有管理员的权限设置。要求能够制作一个可以方便、快捷地对商品信息进行增加、修改、删除的操作，并且可以在数据库中存储相应商品的照片。为了能够更好地存储商品信息，可以将商品信息添加到 Word 文档里，这样不但便于保存，还可以通过 Word 文档进行打印。

（2）工具描述。Visual Studio.NET 2005 企业级开发平台，SQL Server 2005 数据库。

2. 系统目标

（1）操作简单、方便，界面简洁、美观。

（2）在查看商品信息时，可以对当前商品的存储情况进行添加、修改、删除操作。

（3）方便、快捷地进行全方位数据查询。

（4）按照指定的条件对商品进行统计。

（5）可以将员工信息以表格的形式插入 Word 文档中。

（6）实现数据库的备份、还原及清空操作。

（7）由于该系统的实用对象较多，要求有较好的权限管理。

（8）系统运行稳定、安全可靠。

3. 业务流程图

商品信息存储管理系统的业务流程框图如图 3-1 所示。

4. 程序运行环境

本系统的程序运行环境具体如下。

系统开发平台：Microsoft Visual Studio 2005。

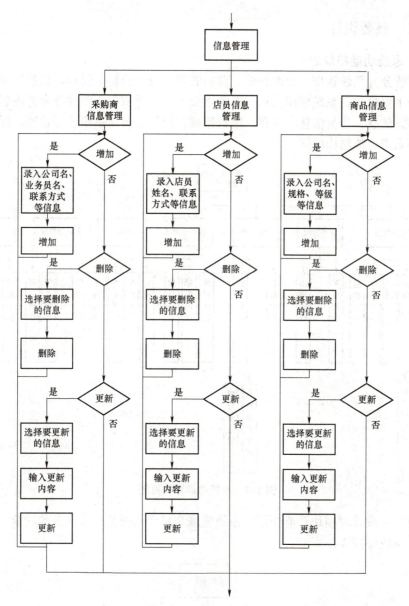

图 3–1　业务流程框图

系统开发语言：C#。

数据库管理软件：Microsoft SQL Server 2005。

运行平台：Windows XP（SP2）/Windows 2000（SP4）/Windows Server 2003（SP1）。

运行环境：Microsoft.NET Framework SDK V2.0。

分辨率：最佳效果 1 024×768。

二、概要设计

1. 系统功能模块划分

系统分为系统管理、仓库管理、营销管理、统计分析、窗口、信息管理、帮助 7 个主要模块。系统使用人员只有管理员一人，无权限，可操作全部内容，可对采购方信息、店员信息、库存、销售管理、统计分析及系统进行管理。图 3-2 所示为系统功能结构框图。

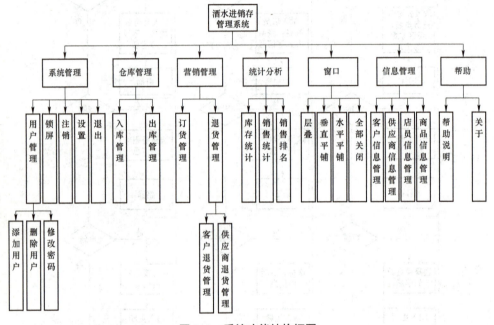

图 3-2　系统功能结构框图

（1）系统管理模块功能介绍。系统管理是每个系统都必须具备的功能，包括的功能模块如图 3-3 所示。

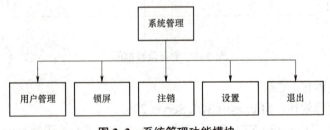

图 3-3　系统管理功能模块

用户管理：其下分为添加、删除、更改密码，用以实现用户的管理。
锁屏：用于锁定软件以防止软件在未经许可时使用。

注销：更换用户时使用该功能用于快速切换用户。

设置：用于设置软件提醒功能。

（2）仓库管理模块功能介绍。仓库管理用于管理经销商仓库的进、出库情况，所包含的功能模块如图3-4所示。

入库管理：主要包括进库商品的信息，如商品名、时间、数量、规格等。

出库管理：主要包括出库商品的信息，如商品名、时间、数量、规格等。

（3）营销管理模块功能介绍。营销管理用于管理销售业务，所包含的功能模块如图3-5所示。

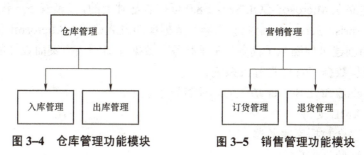

图3-4　仓库管理功能模块　　　　图3-5　销售管理功能模块

订货管理：主要包括商品的销售情况，如商品品名、商品销售的数量、单价、销售的店员、卖家等。

退货管理：主要包括商品的退货情况，如商品品名、退货数量等信息，以及供应商退货管理，主要包括退货的商品信息。

（4）统计分析模块功能介绍。统计分析用于统计和分析经销商的经营数据，供决策者作为决策依据，如图3-6所示。

库存统计：主要包括对仓库信息的统计，如库存量、进出库时间、库中的商品等。

销售统计：主要包括对销售情况的统计，如盈利、销售的商品、销售时间、销售人员等。

销售排名：主要对商品的销售情况进行统计比较。

（5）信息管理模块功能介绍。基本信息管理功能用于维护这些基础资料，其中所包含的功能模块如图3-7所示。

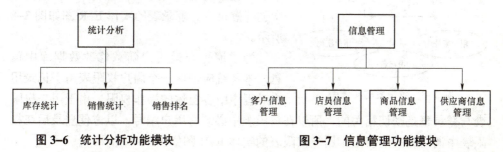

图3-6　统计分析功能模块　　　　图3-7　信息管理功能模块

客户信息管理：主要包括买家的详细信息管理，如买家的地址、联系电话、单位名、联系人名等。

店员信息管理：主要包括店员的信息，如店员姓名等。

商品信息管理：主要包括商品的信息，如品名、包装、规格等。

供应商信息管理：主要对供应商的详细信息进行管理，如供应商公司名、供应商的名字、联系电话等信息。

2. 数据库环境说明

后台数据库系统使用微软的 Microsoft SQL Server 2005。Microsoft SQL Server 2000 是建立在 Microsoft SQL Server 8.0 可扩展基础上的，代表着下一代 Microsoft.NET Enterprise Servers（企业服务器）数据库的发展趋势。Microsoft SQL Server 2005 是为创建可伸缩电子商务、在线商务和数据仓储解决方案而设计的真正意义上的关系型数据库管理与分析系统。

Microsoft SQL Server 增强的功能有以下几个。

（1）XML 支持。

（2）联合数据库服务器。

（3）新数据类型。

SQL Server 2005 引入了 3 种新的数据类型：bigint 是 8B 的整型类型；sql_variant 类型允许存储不同数据类型的数据值；table 类型允许应用程序临时存储结果供以后使用。table 类型可用于变量，并可作为用户定义函数的返回数据类型。

（4）INSTEAD OF 和 AFTER 触发器。

SQL Server 2005 还增加了指定 AFTER 触发器激发的先后顺序功能。

（5）排序规则增强。

（6）全文检索增强。

开发工具使用：Visual Studio 2005。

3. 数据库设计

（1）数据库逻辑设计。在本系统中，为了提高系统的安全性，每个用户都要使用正确的用户名和密码才能进入主窗体，为了能够记录正确的用户名和密码，应在数据库中创建登录表。登录表的实体 E-R 图如图 3-8 所示。

为了避免登录用户随意修改数据库中信息，本系统应创建一个用户权限表用于记录用户对程序中各窗体的操作权限，由于用户权限表与登录表是密切相关的，所以在权限表中必须有用户编号，以方便登录后在权限表中调用相关的权限。用户权限表的实体 E-R 图如图 3-9 所示。

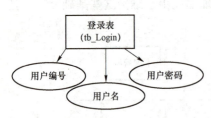

图 3-8　登录表的实体图

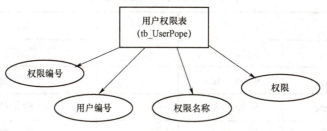

图 3-9　用户权限表的实体图

为了可以在用户权限表中更方便地添加用户权限信息,可以在数据库中创建一个权限模板,该模板记录了系统中所有涉及的权限名,可以在添加用户权限时,将用户和权限模板中的全部信息添加到用户权限表中。权限模板表的实体 E-R 图如图 3-10 所示。

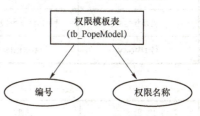

图 3-10　权限模板表的 E-R 图

在系统中,最重要的数据表是员工基本信息表,它记录了所有职工的基本信息,因该表中的字段信息太多,职工基本信息表的实体 E-R 图只给出部分字段。职工基本信息表的实体 E-R 图如图 3-11 所示。

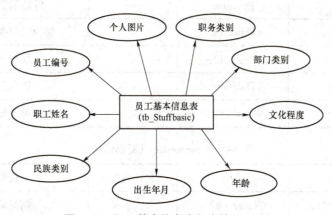

图 3-11　职工基本信息表的实体 E-R 图

（2）数据库物理设计。根据设计好的 E-R 图可以在数据库中创建相应的数据库表,商品存储信息管理系统中各数据表的结构如下。

数据库部分设计了 8 个表单,分别为采购商信息表、店员信息表、商品信息表、入库表、出库表、销售单、库存单、业绩单,如表 3-1～表 3-8 所示。

表 3-1　Buyer（采购商信息）

字段名	类型	允许为空	说　　明
BuyerNum	Nchar（5）		采购商编号
Company	Nchar（40）	√	采购商公司名
BuyerName	Nchar（8）		业务员名
Tel	Nchar（12）	√	固定电话
MobilePhone	Nchar（11）	√	移动电话
Address	Nchar（50）	√	公司地址
Birthday	Datetime	√	业务员生日

表 3-2　Employee（店员信息）

字段名	类型	允许为空	说明
EmployeeNum	Nchar（5）		店员编号
EmployeeName	Nchar（8）		店员姓名
Sex	Nchar（2）	√	店员性别
Start	Datetime		开始雇佣日期
Finish	Datetime	√	解除聘用关系时间
Tel	Nchar（12）	√	联系电话
Birthday	Datetime	√	店员生日
Address	Nchar（50）	√	店员家庭住址

表 3-3　Commodity（商品信息）

字段名	类型	允许为空	说明
CommodityNum	Nchar（6）		商品编号
CommodityName	Char（20）		商品名
Specification	Int		规格数量
Grade	Nchar（1）	√	等级
Start	Datetime		生产日期
Finish	Datetime		保质期

续表

字段名	类型	允许为空	说明
Yieldly	Nchar（50）	√	产地
Material	Nchar（50）	√	原料
Volume	Int	√	容量
Code	Nchar（13）	√	条形码
Suppliers	Int	√	供应商

表 3–4 InStorage（入库单）

字段名	类型	允许为空	说明
inStorageNum	Nchar（6）		入库单编号
CommodityNum	Nchar（6）		商品编号
CommodityName	Nchar（20）		商品名
Amount	Int		数量
RealAmount	Int	√	实际数量
Price	Int	√	单价
Time	Datetime		表单产生时间
OutStorageNum	Int	√	出库单编号
PresentNum	Int	√	赠与单号
Remarks	Nchar（100）	√	备注
Order	Int	√	序号

表 3–5 OutStorage（出库单）

字段名	类型	允许为空	说明
OutStorageNum	Nchar（6）		出库单编号
CommodityNum	Nchar（6）		商品编号
CommodityName	Nchar（20）		商品名
Amount	Int		数量
Time	Datetime		表单生成时间
Price	Int	√	单价
Remarks	Nchar（100）	√	备注

续表

字段名	类型	允许为空	说明
Order	Int		排序
InStorageNum	Int		入库单号

表 3-6 Sell（销售单）

字段名	类型	允许为空	说明
SellNum	Nchar（6）		销售单编号
ReturnSell	Nchar（6）		退货单编号
CommodityNum	Nchar（6）		商品编号
CommodityName	Char（20）		商品名
Amount	Int		数量
RealAmount	Int		实际数量
Time	Datetime		单据产生时间
Price	Float		单价
Discount	Float		折扣
PresentNum	Int		赠与单编号
Remarks	Char（100）		备注
Order	Int		排序

表 3-7 Storage（库存单）

字段名	类型	允许为空	说明
CommodityNum	Nchar（6）		商品编号
Amount	Int		数量

表 3-8 Marketing（业绩单）

字段名	类型	允许为空	说明
EmployeeName	Nchar（8）		雇员名字
SellNum	Nchar（6）		销售单编号
ReturnSellNum	Nchar（6）		退货单编号

三、详细设计与实现

详细设计的根本目标是确定应该怎样具体地实现所要求的系统。详细设计的任务还不是具体的编写程序，而是要设计出程序的"蓝图"。根据需求分析和总体设计，对商品存储信息管理系统进行业务流程、功能及界面的设计和在开发此系统的关键技术及问题解决的概述。这里仅给出具体模块设计方法。

图 3-12 和图 3-13 所示分别为仓库管理的子模块流程图和协作图。

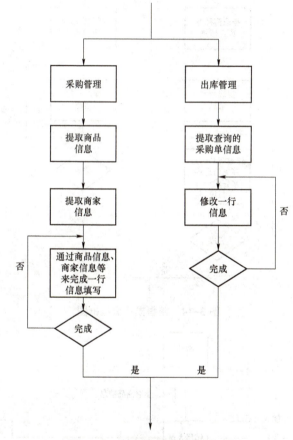

图 3-12 仓库管理模块流程框图

图 3-13 仓库管理模块协作图

通过分析，将仓库管理设计了两个模块，它们分别为仓库入库和出库信息，功能是进行记录管理，是本模块的重要组成部分。

图 3-14 和图 3-15 所示分别为销售模块的流程图和协作图。

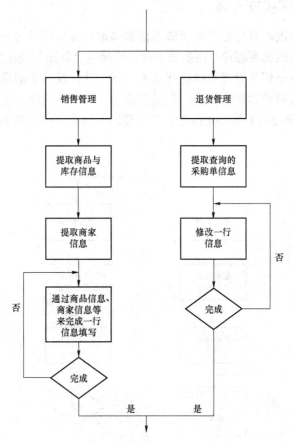

图 3-14　销售模块流程框图

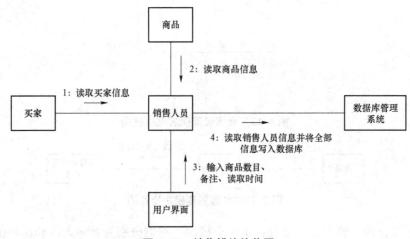

图 3-15　销售模块协作图

商品储存信息管理系统

通过这个模块记录销售和退货的信息管理。

图 3-16～图 3-18 所示分别为统计部分的流程图、销售统计协作图与仓库统计协作图。

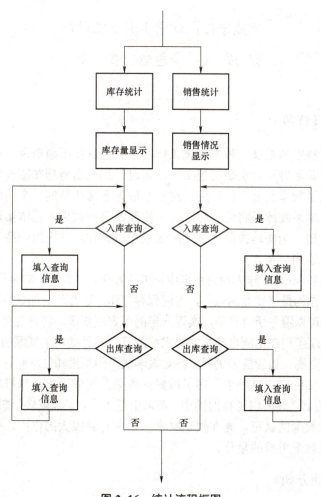

图 3-16　统计流程框图

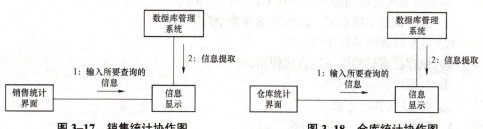

图 3-17　销售统计协作图　　　图 3-18　仓库统计协作图

成果四　自动化试题生成系统

完成单位：辽宁水利职业学院
完 成 人：李忠智、黄　彬

一、项目背景

随着科学技术的发展，教学考试工作的电子信息化不断普及，通过计算机辅助考试已经不是新奇不可实现的想法了，通过计算机出考题在减轻教师工作负担的同时还保证了效率和公平的尺度。这已经成为教育改革的一个新的方向和可行的方式之一，本系统就是将这一想法付诸实践的又一成果，基本实现了试卷自动生成，保证快捷、全面地按照考试要求生成考试试题，并应用一些新的技术手段和算法保证试题的质量。

本系统是以 Access 作为后台数据库，灵活方便，体积小，安装调试容易简单，以 Word 文档作为最终试题的载体，方便保存打印，适合现有的试题要求，在自动生成试卷方面可以覆盖所有章节，实现一定的可定制要求，将自动化和严谨性相结合，更好地实现了现在出题自动化的要求和规范，并且提供了试题的入库处理，使软件的复用性更高、适应能力更强，并对教学成果的积累和传承起到了一定作用。

本系统在实际应用过程中取得了很好的效果，完成了"计算机应用基础"和"C 语言程序设计"等多门课程的期中、期末出题工作，大幅减轻了教师的工作量，得到了各任课教师的认可，并在知识财富积累上起到很大的作用，便于进行教学经验的传承及教学考核的量化。

二、功能分析

系统需要实现的功能有以下几个。
① 设计试题生成功能，试题能涵盖整个教学内容。
② 具有试题的答案生成功能。
③ 保存已有试卷供下次直接使用。
④ 数据库设计及维护。
⑤ Word 文件的生成。

1. 自动生成试题功能的分析

本软件需要解决的主要问题是如何自动生成试卷，且保证涵盖整个教学内容，并可实现章节可选择的出题。

成果四 自动化试题生成系统

这一问题主要用到一种算法来解决。首先要产生一个随机题号序列，系统根据这一序列实现随机选题功能；其次要在选题过程中对题目的覆盖范围进行控制，保证题目覆盖所有要求出题的章节。

对于这一随机序列的生成还要保证不出现重复的试题，这样就采用了交换题在序列中位置的方法来实现，这样既可以产生随机的题目序列，又保证了题目序列中不会出现重复的试题。

其主要过程如图 4-1 所示。

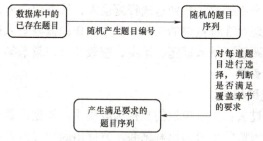

图 4-1　自动生成试题

2. 试卷答案的生成分析

该功能的实现和试卷自动生成功能类似，是在题目生成的同时将答案也生成出来，其方式和算法与自动生成相同。

3. 试卷的保存和再次利用

该功能是在生成试卷后将生成的试卷保存入库，供下次直接调用，需要利用数据库的存储技术，将已生成的试卷存储入库，在下次使用时再根据索引调出数据库中的试卷，主要用到 SQL 语句来实现数据的添加和提取。其过程如图 4-2 所示。

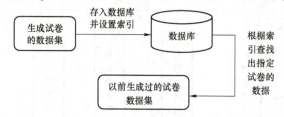

图 4-2　试卷保存、提取的数据流图

4. 数据库的维护

该功能主要包括试题的维护和用户的管理、实现试题的添加和管理、用户的添加/删除/修改，用户权限的管理主要是通过设置相应表结果来实现这些功能，通过对这些表的管理来实现对试题和用户的管理，也是通过 SQL 技术实现对数据库的操作。

5. Word 文件的生成

要实现自动生成 Word 文档类型的试卷，需要对 Word 文件进行操作。

三、模块需求分析

1. 用户信息管理模块

该模块实现了对系统用户的管理，包括用户的添加、删除、修改，用户类型的设置主要包括两种用户，即管理员和教师。管理员拥有最高的系统权限，可以启用该模块，教师则不可以启用这一模块，只能负责出题，不能管理用户。

2. 试题信息录入模块

该模块包含 3 个小模块，分别是选择题录入、填空题录入、简答题录入。

该模块可以实现对 3 种试题的录入，其中选择题需要录入试题和选项、答案及所在章节，填空题需要录入试题、答案、空数及所在章节等，简答题需要录入试题、答案、所在章节。

3. 已有试卷选取模块

该模块实现对过去已生成模块的直接选取调用，根据出题时间和出题人，用户可以直接调出过去曾经生成的已有试卷，方便出题和对试卷的检查校对。

4. 自动生成试卷模块

其主要实现试卷的自动生成，其中用户可以选择要生成试题的所在章节、要生成的试题数量和分值、试卷的总分，并可以查看数据库中试题的数量，这样根据用户的设置可以直接生成试卷和答案的 Word 文档，并可将已生成的试卷存入数据库供以后再次使用。

图 4-3 所示为系统主要模块的具体功能图。

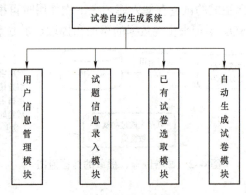

图 4-3　系统主要模块

四、总体设计

1. 已有试卷选取的流程图

已有试卷选取的流程框图如图 4-4 所示。

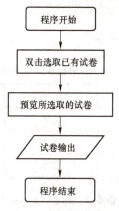

图 4-4 选取已有试卷

2. 试卷自动生成的流程图

对系统进行设计之前先绘制程序的流程图,明确编程的思路,为真正编程提供了方便。

现将用程序自动生成试卷的流程绘制成图,如图 4-5 所示。

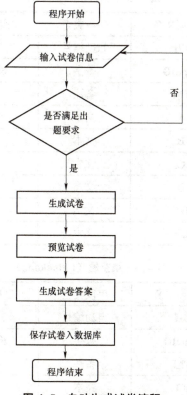

图 4-5 自动生成试卷流程

3. 数据表设计

数据表分别见表 4-1~表 4-8。

表 4-1 用户表（t_user）

字段中文名	字段英文名	字段类型	字段长度	主键
姓名	user_name	文本	50	是
密码	user_pass	文本	50	
权限	user_type	文本	50	

表 4-2 题型（t_type）

字段中文名	字段英文名	字段类型	字段长度	主键
编号	TypeID	自动编号		是
名称	TypeName	文本	20	
分值	FZ	数字	长整型	

表 4-3 选择题（t_select）

字段中文名	字段英文名	字段类型	字段长度	主键
题号	TH	自动编号		是
题型	TypeID	数字	长整型	
题目	TM	备注		
选项 A	A	文本	255	
选项 B	B	文本	255	
选项 C	C	文本	255	
选项 D	D	文本	255	
正确答案	DA	文本	1	
出自章节	CZ	文本	50	

表 4-4 填空题（t_tiankong）

字段中文名	字段英文名	字段类型	字段长度	主键
题号	BH	自动编号		是
题型	TypeID	数字	长整型	
题目	TM	备注		
空 1	K1	文本	100	
空 2	K2	文本	100	

续表

字段中文名	字段英文名	字段类型	字段长度	主键
空3	K3	文本	100	
空4	K4	文本	100	
空5	K5	文本	100	
应填数	YTS	数字	长整型	
出自章节	CZ	文本	50	

表4-5 简答题（t_jianda）

字段中文名	字段英文名	字段类型	字段长度	主键
题号	BH	自动编号		是
题型	TypeID	数字	长整型	
题目	TM	备注		
答案	DA	备注		
出自章节	CZ	文本	50	

表4-6 章节（t_zhangjie）

字段中文名	字段英文名	字段类型	字段长度	主键
编号	ID	自动编号		是
章节号	ZJ	文本	8	
章节名	ZJName	文本	100	

表4-7 已有试卷（t_sj）

字段中文名	字段英文名	字段类型	字段长度	主键
试卷时间	SJDH	文本	50	是
出题人	CJLS	文本	50	

表4-8 已有试卷的题目（t_sjt）

字段中文名	字段英文名	字段类型	字段长度	主键
试卷时间	SJDH	文本	50	
题目类型	TypeID	数字	长整型	
题目编号	BH	数字	长整型	
题目分值	FZ	数字	长整型	
编号	ZD	自动编号		是

4. 编写代码规范

缩进就是每级间有两个空格，每级之间缩进两个空格，这样可使程序层次分明、错落有致。千万不要使用制表符，因为制表符的宽度随不同的设置和应用程序的不同而难以保持一致。

当遇到 begin 或进入判断、循环、异常处理、with 语句、记录类型声明、类声明等的时候增加一级，当遇到 end 或退出判断、循环、异常处理、with 语句、记录类型声明、类声明等的时候减少一级。

通过使用 Tools→Emvironment 菜单命令，在弹出的 Editor Properties 对话框的 Source Options 选项卡上，不要选中 Use Tab Character 和 Optimal Fill 复选框，这样制表符就不会被保存。

1）空格

空格的使用同样是为了保持程序的整洁，使程序员能够快速明白程序结构，在以下几处需要使用空格。

（1）单词之间要有一个也只能有一个空格。例如：

```
for TMyClass = class(TObject)             //正确的写法
```

（2）保留字和关键字与左边的符号间要有一个也只能有一个空格，与右边的符号间不留空格。例如：

```
①procedure ShowMessage; overload;         //正确的写法
②giTemp: Integer;                         //正确的写法
③gsTemp:string;                           //错误的写法
```

（3）在操作符及逻辑判断符号的两端添加一个空格也只能有一个空格。例如：

```
①giTemp := giTemp + 1;                    //正确的写法
②giTemp :=giTemp +1;                      //错误的写法
```

（4）在过程和函数的定义和调用中，括号与外部的单词和符号之间不留空格，与内部的单词之间不留空格。

2）注释

注释的作用是为了解释程序的设计思路，能帮助开发人员、维护人员快速了解程序所实现的功能。

Delphi 支持两种注释，即块注释（{}）和单行注释（//）。可以根据注释的使用分为以下几种类型。

（1）项目注释。项目中每个单元文件必须包含项目注释，而且项目注释是放在单元文件的最上端，与单元文件名称相隔一行空行。

（2）单元文件注释。每个单元文件都必须有文件注释，而且文件注释是放在单元文件名称下面，它们相隔一行空行。

（3）函数或过程注释。每个自定义函数或过程必须要进行注释，包括：函数或过程的作者、修改者、日期、所完成的功能，输入输出参数的说明等。

（4）变量或代码段注释。定义变量必须对变量所表示的物理意义进行说明，一般采用单行注释方式，放在变量定义的右边；若采用单行注释方式超出了边距，则应采用块注释方式。采用块注释时，块注释与前一语句之间应该相隔一行空行，块注释代码与下一语句也应该相隔一行空行，以示区分。

左括号与下一字符之间没有空格，右括号与前一字符之间也没有空格。

不要在语句中包含多余的括号。在源代码中，括号只有在确实需要时才使用。

例如：

① if (I = 42) then　　　　　　//错误，括号是多余的
② if (I = 42) or (J = 42) then　//正确，必须使用括号

Object Pascal 语言的保留字和关键字总是全部小写。

所有变量必须起有意义的名字，使其他组员可以很容易读懂变量所代表的意义，变量命名可以采用同义的英文命名，可使用几个英文单词，但每一单词的首字母必须大写，其构成方式为：范围（g、i、l 和 p）+数据类型简称+[p（指针类型）、rec（记录类型）、arr（数组类型）]+英文单词。

3）begin…end

begin 和 end 语句必须单独占一行，而且有相同的缩进量。若是 begin…end 则所包含的应该是多行语句所组成的语句块；若是单行语句则不用 begin…end。

5. 重点代码实现

本程序的章节要按顺序显示成一个章节树。而在数据库里章节的存放是没有规则的，也即它们的顺序不一定按照真实书本的章节顺序来存储。但是在显示章节信息时必须按照书本的章节顺序来显示。所以，特别设置以下的数据类型：

```
type
  ZJ=record
    ZJID:double;
    ZJName:string;
  end;
```

在这里，ZJID 设置成 double 类型，与之相对应的是数据库里表 ZhangJie 里的 ZJ 字段，此字段的类型为文本型。故在添加此数据库结构时要把文本型转化为 double 类型。而 ZJName 对应的是数据库里表 ZhangJie 里的 ZJName，它们为同一种数据类型。由于数据库里章节的数量是不定的，故此种数据类型的变量必须是一种长度可变的类型，所以这里选择 Delphi 里的动态数组类型。变量定义如下：

```
Var
  TempZJ:ZJ;
    HaveZJ:array of ZJ;
```

接下来的问题，就是把这个变量记录的数据按一定顺序显示到 TCheckTree 的控件里。由于章节的数量还是比较多的，所以选择"改进的选择排序"，具体的排序算法代码实现如下：

```
for i:=0 to High(HaveZJ) do  //对章节号进行排序
  begin
```

```
    k:=i;
    for j:=i+1 to MaxNum do
      if HaveZJ[k].ZJID>HaveZJ[j].ZJID then k:=j;
    if i<>k then
      begin
        TempZJ.ZJID:=HaveZJ[i].ZJID;
        TempZJ.ZJName:=HaveZJ[i].ZJName;
        HaveZJ[i].ZJID:=HaveZJ[k].ZJID;
        HaveZJ[i].ZJName:=HaveZJ[k].ZJName;
        HaveZJ[k].ZJID:=TempZJ.ZJID;
        HaveZJ[k].ZJName:=TempZJ.ZJName;
      end;
  end;
```

在自动生成试卷时，最主要的一点就是如何生成一个覆盖知识点广且试题不重复的试卷。其中的关键算法在于如何生成一个不重复的随机数序列。在 Delphi 里，随机数的产生函数是 Random，然而如果用这个函数来生成一定范围内的随机数，重复的概率太大了。其中变量定义如下：

```
var
    XTH:array of integer;            //存放随机选题号
```

以下是产生不重复随机数的算法：

```
  num:=MaxBH-MinBH+1;
  if num>0 then          //开始初始化
    begin
      SetLength(XTH,num);
      for i:=0 to num-1 do
        XTH[i]:=MinBH+i;    //给动态数组设初值
      Randomize;    //初始化随机数生成器
      for i:=0 to num-1 do
        begin
          j:=random(num);
          temp:=XTH[i];
          XTH[i]:=XTH[j];
          XTH[j]:=temp;
        end;
    end;
```

在生成 Word 文档时要根据已经选择题目编号在数据库中查出对应题目的内容，并添加到新建 Word 文档中，其具体实现见附录。

（1）Word 输出代码：

```
procedure TFrameQuery.RzBitBtn2Click(Sender: TObject);
const
  BF_Name:array[1..10] of String=('一、','二、','三、','四、','五、','六、
```

```
','七、','八、','九、','十、');
  JG:String='   ';
var
  //Template,NewTemplate,ItemIndex,Doc_Type,Doc_Visible:OleVariant;
  ItemIndex:OleVariant;
  NewDocument:_Document;
  FZ,TL,BF,i,j,WTS,YTS,Count:integer;
  temp,AppPath,BGName:string;
  XZTF,TKTF,JDTF,YLLSTF,XTSJTF,XTCZTF:boolean;
  XZTH,TKTH,JDTH,YLLSTH,XTSJTH,XTCZTH:integer;
  FileName:   OleVariant;
  procedure SetFont(aBold,aItalic,aShadow,aSize:integer);
  begin
    SJ_WF.ConnectTo(SJ_WD.Sentences.Get_Last.Font);
    SJ_WF.Name:='宋体';
    SJ_WF.Bold := aBold;
    SJ_WF.Italic := aItalic;
    SJ_WF.Shadow := aShadow;
    SJ_WF.Size := aSize;
  end;
begin
  if ZDST=nil then
    begin
      MessageBox(handle,'试卷还没有生成,请先生成试卷!','没有试卷',MB_OK or MB_ICONERROR);
      exit;
    end;
  Count:=High(ZDST)+1;
  XZTF:=false;
  TKTF:=false;
  JDTF:=false;
  YLLSTF:=false;
  XTSJTF:=false;
  XTCZTF:=false;

  XZTH:=1;
  TKTH:=1;
  JDTH:=1;
  YLLSTH:=1;
  XTSJTH:=1;
  XTCZTH:=1;

  AppPath:=ExtractFilePath(Application.ExeName);        //取得本程序的路径
```

```
//显示进度窗口
RateProcess_F.Show;
RateProcess_F.RzPanel1.Caption:='正在链接Microsoft Office Word......';
RateProcess_F.RzProgressBar1.TotalParts:=Count+15;

RateProcess_F.Repaint;                //重绘窗口,否则显示不出新设置的控件属性
try
  SJ_WA.Connect;
except
  MessageBox(handle,'无法连接,也许没有安装 Word','连接出错', MB_Ok or MB_ICONERROR);
  RateProcess_F.Close;
  Abort;
end;
RateProcess_F.RzProgressBar1.IncPartsByOne;

SJDA:=TStringList.Create;

//建立一个新文档
{Template := EmptyParam;
NewTemplate := False;}
ItemIndex := 1;
NewDocument:=SJ_WA.Documents.Add(EmptyParam,EmptyParam,EmptyParam,EmptyParam);

RateProcess_F.RzPanel1.Caption:='正在新建 Microsoft Office Word 文档......';
RateProcess_F.RzProgressBar1.IncPartsByOne;
RateProcess_F.Repaint;

//建立WordDocument连接
SJ_WD.ConnectTo(NewDocument);
SJ_WD.Windows.Item(ItemIndex).Caption:='数据库原理与应用期末试卷';

RateProcess_F.RzProgressBar1.IncPartsByOne;
RateProcess_F.Repaint;

//因为Word进行拼写检查需要很多时间,所以首先关闭检查
SJ_WA.Options.CheckSpellingAsYouType := False;
SJ_WA.Options.CheckGrammarAsYouType := False;
//设置Word的字体
SetFont(1,0,0,22);
//设置段落对齐方式
```

```
//SJ_WA.Documents.Item(ItemIndex).Paragraphs.Alignment  :=wdAlignParagraphCenter;
  SJ_WD.Range.InsertAfter('数据库原理与应用期末试卷'+#13);

  RateProcess_F.RzProgressBar1.IncPartsByOne;
  RateProcess_F.Repaint;

  //SJ_WA.Documents.Item(ItemIndex).Paragraphs.Alignment:=wdAlignParagraphLeft;
  SJ_WD.Range.InsertAfter('学校_____  班级_____  姓名_____  得分_____' +#13);
  SetFont(0,0,0,14);

  RateProcess_F.RzPanel1.Caption:='正在输出自动生成的试题......';
  RateProcess_F.Repaint;

  SJ_WD.Range.InsertAfter(' '+#13);
  SetFont(0,0,0,10);

  BF:=1;                   //题型在试卷中属于哪一部分
  for i:=0 to Count-1 do
    case ZDST[i].TypeID of
      1:begin                              //选择题
          if not XZTF then
            begin
              XZTF:=true;
              FZ:=RzSpinEdit4.IntValue;
              TL:=RzSpinEdit1.IntValue;
              temp:=Format('%s 单选题( 共%d 小题每题%d 分, 小计%d 分 )',[BF_Name[BF],TL,FZ,TL*FZ]);
              SJ_WD.Range.InsertAfter(temp+#13+#13);
              SJDA.Add('#'+temp);                  //为答案记下部分说明
              BF:=BF+1;
            end;
          ADOQuery2.Close;
          ADOQuery2.SQL.Clear;
          ADOQuery2.SQL.Add('SELECT * FROM t_select WHERE BH=:BH');
          ADOQuery2.Parameters.ParamByName('BH').Value:=ZDST[i].BH;
          ADOQuery2.Open;
          temp:=Format('%d.   %s',[XZTH,ADOQuery2.FieldValues['TM']]);
//输出选择题题目
          SJ_WD.Range.InsertAfter(temp+#13+#13);
          temp:=Format('%sA.     %s',[JG,ADOQuery2.FieldValues['A']]);
```

```
//依次输出 4 个选项
        SJ_WD.Range.InsertAfter(temp+#13);
        temp:=Format('%sB.    %s',[JG,ADOQuery2.FieldValues['B']]);
//依次输出 4 个选项
        SJ_WD.Range.InsertAfter(temp+#13);

        temp:=ADOQuery2.FieldByName('C').AsString;    //有的题没有 C、D 选项
        if trim(temp)<>'' then
          begin
            temp:=Format('%sC. %s',[JG,temp]);    //依次输出 4 个选项
            SJ_WD.Range.InsertAfter(temp+#13);
          end;

        temp:=ADOQuery2.FieldByName('D').AsString;  //有的题没有 C、D 选项
        if trim(temp)<>'' then
          begin
            temp:=Format('%sD. %s',[JG,temp]);    //依次输出 4 个选项
            SJ_WD.Range.InsertAfter(temp+#13);
          end;
        //temp:=Format('%SD.    %s',[JG,XT_ADOQ.FieldValues['D']]);
//依次输出 4 个选项

        SJ_WD.Range.InsertAfter(temp+#13+#13);
        SJDA.Add(ADOQuery2.FieldByName('DA').AsString);    //记下每一小题的答案
        RateProcess_F.RzProgressBar1.IncPartsByOne;
        RateProcess_F.Repaint;
        XZTH:=XZTH+1;
      end;
    2:begin                            //填空题
       if not TKTF then
         begin
           TKTF:=true;
           FZ:=RzSpinEdit5.IntValue;
           TL:=RzSpinEdit2.IntValue;
           SJ_WD.Range.InsertAfter(#13);
           temp:=Format('%s 填空题（ 共 %d 小题 每题 %d 分， 小计 %d 分 )',[BF_Name[BF],TL,FZ,TL*FZ]);
           SJ_WD.Range.InsertAfter(temp+#13+#13);
           SJDA.Add('#'+temp);                //为答案记下部分说明
           BF:=BF+1;
         end;
```

```
            ADOQuery2.Close;
            ADOQuery2.SQL.Clear;
            ADOQuery2.SQL.Add('SELECT * FROM t_TianKong WHERE BH=:BH');
            ADOQuery2.Parameters.ParamByName('BH').Value:=ZDST[i].BH;
            ADOQuery2.Open;
            temp:=Format('%s%d. %s',[JG,TKTH,ADOQuery2.FieldValues['TM']]);
//输出填空题题目
            SJ_WD.Range.InsertAfter(temp+#13+#13);
            temp:='';
            YTS:=ADOQuery2.FieldValues['YTS'];
            for j:=1 to YTS do              //组合每个空的答案
              if not ADOQuery2.FieldByName('K'+IntToStr(j)).IsNull then
                begin
                   if j<>YTS then  temp:=temp+ADOQuery2.FieldValues['K'+IntToStr(j)]+', '
                    else temp:=temp+ADOQuery2.FieldValues['K'+IntToStr(j)]+'。';
                end
              else break;
            SJDA.Add(temp);                 //填空题答案
            RateProcess_F.RzProgressBar1.IncPartsByOne;
            RateProcess_F.Repaint;
            TKTH:=TKTH+1;
          end;
        3:begin                             //简答题
            if not JDTF then
              begin
                JDTF:=true;
                FZ:=RzSpinEdit6.IntValue;
                TL:=RzSpinEdit3.IntValue;
                SJ_WD.Range.InsertAfter(#13);
                temp:=Format('%s 简答题（ 共 %d 小题每题 %d 分， 小计 %d 分）',[BF_Name[BF],TL,FZ,TL*FZ]);
                SJ_WD.Range.InsertAfter(temp+#13+#13);
                SJDA.Add('#'+temp);          //为答案记下部分说明
                BF:=BF+1;
              end;
            ADOQuery2.Close;
            ADOQuery2.SQL.Clear;
            ADOQuery2.SQL.Add('SELECT * FROM t_JianDa WHERE BH=:BH');
            ADOQuery2.Parameters.ParamByName('BH').Value:=ZDST[i].BH;
            ADOQuery2.Open;
            temp:=Format('%s%d. %s',[JG,JDTH,ADOQuery2.FieldValues['TM']]);
```

```
//输出简答题题目
        SJ_WD.Range.InsertAfter(temp+#13+#13);
        SJ_WD.Range.InsertAfter(#13+#13+#13+#13+#13);
        SJDA.Add(ADOQuery2.FieldValues['DA']);              //记下简答题答案
        RateProcess_F.RzProgressBar1.IncPartsByOne;
        RateProcess_F.Repaint;
        JDTH:=JDTH+1;
     end;

   end;
  sleep(1000);
  RateProcess_F.Close;             //关闭进度窗口
  SJ_WA.Visible:=true;
  SJ_WA.Disconnect;                //断开链接
  SJ_WD.Disconnect;
end;
```

(2) 数据录入代码：

```
procedure TFrameDataInput.LR_Button1Click(Sender: TObject);
var
  temp,x:integer;
  temp1,temp2:string;
begin
  x:=0;
  ADOQuery1.Close;
  ADOQuery1.SQL.Clear;
  ADOQuery1.SQL.Add('Select TypeID from t_Type where TypeName=''选择题''');
  ADOQuery1.Open;
  temp:=ADOQuery1.FieldValues['TypeID'];
  if TM_Edit1.Text='' then ShowMessage('题目不能为空')
  else if DAA_Edit.Text='' then ShowMessage('选项A不能为空')
  else if DAB_Edit.Text='' then ShowMessage('选项B不能为空')
  else if DAB_Edit.Text='' then ShowMessage('选项C不能为空')
  else if DAB_Edit.Text='' then ShowMessage('选项D不能为空')
  else if DA_ComboBox1.Text='' then ShowMessage('答案不能为空')
  else if ZJ_ComboBox1.Text='' then ShowMessage('所在章节不能为空')
  else begin
    temp1:=TM_Edit1.Text;
    ADOQuery2.Close;
    ADOQuery2.SQL.Clear;
    ADOQuery2.SQL.Add('SELECT TM FROM t_select');
    ADOQuery2.Open;
```

```
    While not ADOQuery2.Eof do
      begin
        temp2:=ADOQuery2.FieldValues['TM'];
        if temp1=temp2 then
        begin
          x:=1;
          break;
        end;
        ADOQuery2.Next;
      end;
    if x=0 then
      begin
        ADOQuery1.Close;
        ADOQuery1.SQL.Clear;
        ADOQuery1.SQL.Add('INSERT INTO t_select (TypeID,TM,A,B,C,D,DA,CZ) VALUES (:tp,:TM,:DAA,:DAB,:DAC,:DAD,:DA,:ZJ)');
        ADOQuery1.Parameters.ParamByName('tp').Value:=temp;
        ADOQuery1.Parameters.ParamByName('TM').Value:=TM_Edit1.Text;
        ADOQuery1.Parameters.ParamByName('DAA').Value:=DAA_Edit.Text;
        ADOQuery1.Parameters.ParamByName('DAB').Value:=DAB_Edit.Text;
        ADOQuery1.Parameters.ParamByName('DAC').Value:=DAC_Edit.Text;
        ADOQuery1.Parameters.ParamByName('DAD').Value:=DAD_Edit.Text;
        ADOQuery1.Parameters.ParamByName('DA').Value:=DA_ComboBox1.Text;
        ADOQuery1.Parameters.ParamByName('ZJ').Value:=ZJ_ComboBox1.Text;
        ADOQuery1.ExecSQL;
        ADOQuery1.Close;
        ADOQuery1.SQL.Clear;
        ADOQuery1.SQL.Add('Select 1 from t_select');
        ADOQuery1.Open;
        TH_Edit1.Text:=IntToStr(ADOQuery1.RecordCount+1);
        TM_Edit1.Clear;
        DAA_Edit.Clear;
        DAB_Edit.Clear;
        DAC_Edit.Clear;
        DAD_Edit.Clear;
      end
    else showmessage('此题已经存在!');
  end;
end;
```

（3）生成试卷代码：

```
procedure TFrameQuery.RzBitBtn1Click(Sender: TObject);
type
  ZJInfo=record              //章节信息
```

```
    Name:string;
    Flag:boolean;
  end;
var
  ZhangJie:array of ZJInfo;
  XTH:array of integer;
  i,ZJNum,YXNum,j,XZNum,TKNum,JDNum,XZPoint,TKPoint,JDPoint,
  XZPointSum,TKPointSum,JDPointSum,PointSum,NumSum,MinBH,MaxBH,num,
temp:integer;
  Flag:boolean;
begin
  ZJNum:=0;
  YXNum:=0;
  ZDST:=nil;
   for i:=0 to RzCheckTree1.Items.Count-1 do
     if (RzCheckTree1.Items[i].Level=1)and(RzCheckTree1.Items[i].State
Index=2) then ZJNum:=ZJNum+1;
  SetLength(ZhangJie,ZJNum);
  j:=0;
   for i:=0 to RzCheckTree1.Items.Count-1 do      //记录下要出试题的章节
     if (RzCheckTree1.Items[i].Level=1)and(RzCheckTree1.Items[i].State
Index=2) then
       begin
         ZhangJie[j].Name:=RzCheckTree1.Items[i].Text;
         ZhangJie[j].Flag:=false;
         j:=j+1;
       end;
  XZNum:=RzSpinEdit1.IntValue;
  XZPoint:=RzSpinEdit4.IntValue;
  XZPointSum:=XZNum*XZPoint;

  TKNum:=RzSpinEdit2.IntValue;
  TKPoint:=RzSpinEdit5.IntValue;
  TKPointSum:=TKNum*TKPoint;

  JDNum:=RzSpinEdit3.IntValue;
  JDPoint:=RzSpinEdit6.IntValue;
  JDPointSum:=JDNum*JDPoint;
  NumSum:=XZNum+TKNum+JDNum;
  SetLength(ZDST,NumSum);
  PointSum:=XZPointSum+TKPointSum+JDPointSum;
  RateProcess_F.Show;          //显示进度窗口
  RateProcess_F.RzPanel1.Caption:='正在初始化参数......';
```

```
RateProcess_F.RzProgressBar1.TotalParts:=NumSum;
RateProcess_F.Repaint;
if PointSum<>strtoint(RzComboBox1.Text) then
  begin
    MessageBox(handle,'分数和与总分不相等,请重新设置分数!','总分不对',MB_OK or MB_ICONERROR);
    ZhangJie:=nil;
    ZDST:=nil;
    Exit;
  end;
if XZNum>0 then
begin
RateProcess_F.RzPanel1.Caption:='在不重复知识点的情况下抽取选择题.....';
RateProcess_F.Repaint;
//
//      产生随机数
//
//
ADOQuery2.Close;
ADOQuery2.SQL.Clear;
ADOQuery2.SQL.Add('SELECT MIN(BH) AS MinBH,MAX(BH) AS MaxBH FROM t_select');
ADOQuery2.Open;
if ADOQuery2.RecordCount>0 then
    begin
      MinBH:=ADOQuery2.FieldValues['MinBH'];
      MaxBH:=ADOQuery2.FieldValues['MaxBH'];
    end;
num:=MaxBH-MinBH+1;
    if num>0 then           //开始初始化
    begin
      SetLength(XTH,num);
      for i:=0 to num-1 do
        XTH[i]:=MinBH+i;     //给动态数组设初值
      Randomize;    //初始化随机数生成器
      for i:=0 to num-1 do
        begin
          j:=random(num);
          temp:=XTH[i];
          XTH[i]:=XTH[j];
          XTH[j]:=temp;
        end;
```

```
        end;
//
//    选择题生成
//
temp:=0;
for i:=0 to num-1 do
  begin
    if temp=XZNum then break;
    ADOQuery2.Close;
    ADOQuery2.SQL.Clear;
    ADOQuery2.SQL.Add('SELECT * FROM t_select WHERE BH=:BH');
    ADOQuery2.Parameters.ParamByName('BH').Value:=XTH[i];
    ADOQuery2.Open;
    if ADOQuery2.RecordCount>0 then
      begin
      Flag:=false;
      for j:=0 to ZJNum-1 do
        if (ZhangJie[j].Name=ADOQuery2.FieldValues['CZ']) then
          begin
            if (ZhangJie[j].Flag=true) then Flag:=true;
            break;
          end;
      if Flag or(j=ZJNum) then continue;
      ZDST[YXNum].TypeID:=1;
      ZDST[YXNum].BH:=XTH[i];
      YXNum:=YXNum+1;
      ZhangJie[j].Flag:=true;        //修改标志表示已经抽取这一节的试题
      temp:=temp+1;
      RateProcess_F.RzProgressBar1.IncPartsByOne;
      RateProcess_F.Repaint;
      end;
  end;
//题数不够补题
if temp<XZNum then
  begin
   ADOQuery2.Close;
   ADOQuery2.SQL.Clear;
   ADOQuery2.SQL.Add('SELECT * FROM t_select');
   ADOQuery2.Open;
    if ADOQuery2.RecordCount>0 then
      while not ADOQuery2.Eof do
        begin
          Flag:=false;
```

```
        for i:=0 to NumSum-1 do
            if  (ZDST[i].TypeID=1)and(ZDST[i].BH=ADOQuery2.FieldValues
['BH'])then
              begin
                Flag:=true;
                break;
              end;
          if Flag then
          begin
            ADOQuery2.Next;
            continue;
          end;
          ZDST[YXNum].TypeID:=1;
          ZDST[YXNum].BH:=ADOQuery2.FieldValues['BH'];
          YXNum:=YXNum+1;
          temp:=temp+1;
          RateProcess_F.RzProgressBar1.IncPartsByOne;
          RateProcess_F.Repaint;
          if temp>=XZNum then break;
          ADOQuery2.Next;
        end;
    end;
  end;
////>>>>>>>>>>>>>>>>>>>>>>>>>>>>>>>>>>>>>>>>>>>>>>>>>>>>>>>>>>>>>>>
//>>>>>>>抽取填空题
  if TKNum>0 then
  begin
  RateProcess_F.RzPanel1.Caption:=' 在不重复知识点的情况下抽取填空
题.....';
  RateProcess_F.Repaint;
  ADOQuery2.Close;
  ADOQuery2.SQL.Clear;
  ADOQuery2.SQL.Add('SELECT MIN(BH) AS MinBH,MAX(BH) AS MaxBH FROM
t_tiankong');
  ADOQuery2.Open;
  if ADOQuery2.RecordCount>0 then
      begin
        MinBH:=ADOQuery2.FieldValues['MinBH'];
        MaxBH:=ADOQuery2.FieldValues['MaxBH'];
      end;
  num:=MaxBH-MinBH+1;
    if num>0 then          //开始初始化
    begin
```

```
          SetLength(XTH,num);
          for i:=0 to num-1 do
            XTH[i]:=MinBH+i;      //给动态数组设初值
          Randomize;      //初始化随机数生成器
          for i:=0 to num-1 do
            begin
              j:=random(num);
              temp:=XTH[i];
              XTH[i]:=XTH[j];
              XTH[j]:=temp;
            end;
        end;
temp:=0;
for i:=0 to num-1 do
  begin
    if temp=TKNum then break;
    ADOQuery2.Close;
    ADOQuery2.SQL.Clear;
    ADOQuery2.SQL.Add('SELECT * FROM t_tiankong WHERE BH=:BH');
    ADOQuery2.Parameters.ParamByName('BH').Value:=XTH[i];
    ADOQuery2.Open;
    if ADOQuery2.RecordCount>0 then
      begin
      Flag:=false;
      for j:=0 to ZJNum-1 do
        if (ZhangJie[j].Name=ADOQuery2.FieldValues['CZ']) then
        begin
          if (ZhangJie[j].Flag=true) then Flag:=true;
          break;
        end;
      if Flag or(j=ZJNum) then continue;
      ZDST[YXNum].TypeID:=2;
      ZDST[YXNum].BH:=XTH[i];
      YXNum:=YXNum+1;
      ZhangJie[j].Flag:=true;      //修改标志表示已经抽取这一节的试题
      RateProcess_F.RzProgressBar1.IncPartsByOne;
      RateProcess_F.Repaint;
      temp:=temp+1;
      end;
  end;
//题数不够补题
if temp<TKNum then
  begin
```

```
    ADOQuery2.Close;
    ADOQuery2.SQL.Clear;
    ADOQuery2.SQL.Add('SELECT * FROM t_tiankong');
    ADOQuery2.Open;
    if ADOQuery2.RecordCount>0 then
      while not ADOQuery2.Eof do
        begin
          Flag:=false;
          for i:=0 to NumSum-1 do
            if   (ZDST[i].TypeID=1)and(ZDST[i].BH=ADOQuery2.FieldValues['BH'])then
              begin
                Flag:=true;
                break;
              end;
          if Flag then
          begin
            ADOQuery2.Next;
            continue;
          end;
          ZDST[YXNum].TypeID:=2;
          ZDST[YXNum].BH:=ADOQuery2.FieldValues['BH'];
          YXNum:=YXNum+1;
          temp:=temp+1;
          RateProcess_F.RzProgressBar1.IncPartsByOne;
          RateProcess_F.Repaint;
          if temp>=TKNum then break;
          ADOQuery2.Next;
        end;
    end;
  end;
////>>>>>>>>>>>>>>>>>>>>>>>>>>>>>>>>>>>>>>>>>>>>>>>>>>>>>>>>>>>>>>>
//>>>>>>>抽取简答题
  if JDNum>0 then
  begin
  RateProcess_F.RzPanel1.Caption:='在不重复知识点的情况下抽取简答题.....';
  RateProcess_F.Repaint;
  ADOQuery2.Close;
  ADOQuery2.SQL.Clear;
  ADOQuery2.SQL.Add('SELECT MIN(BH) AS MinBH,MAX(BH) AS MaxBH FROM t_jianda');
  ADOQuery2.Open;
```

```
if ADOQuery2.RecordCount>0 then
    begin
      MinBH:=ADOQuery2.FieldValues['MinBH'];
      MaxBH:=ADOQuery2.FieldValues['MaxBH'];
    end;
num:=MaxBH-MinBH+1;
    if num>0 then            //开始初始化
      begin
        SetLength(XTH,num);
        for i:=0 to num-1 do
          XTH[i]:=MinBH+i;      //给动态数组设初值
        Randomize;      //初始化随机数生成器
        for i:=0 to num-1 do
          begin
            j:=random(num);
            temp:=XTH[i];
            XTH[i]:=XTH[j];
            XTH[j]:=temp;
          end;
      end;
temp:=0;
for i:=0 to num-1 do
  begin
    if temp=JDNum then break;
    ADOQuery2.Close;
    ADOQuery2.SQL.Clear;
    ADOQuery2.SQL.Add('SELECT * FROM t_tiankong WHERE BH=:BH');
    ADOQuery2.Parameters.ParamByName('BH').Value:=XTH[i];
    ADOQuery2.Open;
    if ADOQuery2.RecordCount>0 then
      begin
      Flag:=false;
      for j:=0 to ZJNum-1 do
        if (ZhangJie[j].Name=ADOQuery2.FieldValues['CZ']) then
        begin
          if (ZhangJie[j].Flag=true) then Flag:=true;
          break;
        end;
      if Flag or(j=ZJNum) then continue;
      ZDST[YXNum].TypeID:=3;
      ZDST[YXNum].BH:=XTH[i];
      YXNum:=YXNum+1;
      ZhangJie[j].Flag:=true;       //修改标志表示已经抽取这一节的试题
```

```
          RateProcess_F.RzProgressBar1.IncPartsByOne;
          RateProcess_F.Repaint;
          temp:=temp+1;
        end;
    end;
  //题数不够补题
  if temp<JDNum then
    begin
      ADOQuery2.Close;
      ADOQuery2.SQL.Clear;
      ADOQuery2.SQL.Add('SELECT * FROM t_jianda');
      ADOQuery2.Open;
      if ADOQuery2.RecordCount>0 then
        while not ADOQuery2.Eof do
          begin
            Flag:=false;
            for i:=0 to NumSum-1 do
              if
(ZDST[i].TypeID=1)and(ZDST[i].BH=ADOQuery2.FieldValues['BH'])then
                begin
                  Flag:=true;
                  break;
                end;
            if Flag then
            begin
              ADOQuery2.Next;
              continue;
            end;
            ZDST[YXNum].TypeID:=3;
            ZDST[YXNum].BH:=ADOQuery2.FieldValues['BH'];
            YXNum:=YXNum+1;
            temp:=temp+1;
            RateProcess_F.RzProgressBar1.IncPartsByOne;
            RateProcess_F.Repaint;
            if temp>=JDNum then break;
            ADOQuery2.Next;
          end;
    end;
end;
XTH:=nil;
//>>>>>>>>>>>>>>>>>>>>>>>>>>>>>>>>>>>>>>>>>>>>>>>>>>>>>>>>>>>>>
ZhangJie:=nil;
sleep(1000);
```

```
RateProcess_F.Close;
MessageBox(handle,'恭喜你试卷已经按你的要求成功生成了!! ','成功了',MB_OK or
    MB_ICONINFORMATION);
end;
```

成果五 高等学校后勤管理中心进销存管理系统

完成单位：辽宁建筑职业学院
完 成 人：王　颖、雷学智、杨晶杰

一、项目背景

在现代高校中，食堂仓库管理是一项烦琐复杂的工作，每天要处理大量的单据数据。为及时结清每笔业务，盘点库存和货物流动情况，保证企业生产用料以及货物安全，库管人员要花费大量人力、物力和时间来做数据记录统计工作。

本系统主要采用 JSP、Servlet 技术进行 Web 前端开发。在进行系统设计时，使用 MVC 设计并处理用户交互界面，应用 Servlet 技术实现网页与网页之间连接跳转的安全性；采用 JDBC 来对应后台的数据库访问，利用 JavaBean 来实现对复杂数据的封装以及逻辑处理。系统在 Eclipse 环境下进行开发，利用 MySQL 数据库实现对餐饮中心的食品、物品、水电煤气进行各种数据统计、管理；物品来源跟踪；报销数据的打印，使库存管理方便、快捷、简单、准确，并且节省人力资源。

项目开发后一直使用至今，效果很好，物品出/入库，查询统计、打印、报销方便、快捷。

二、需求分析

1. 物品入库需求

实现食品（蔬菜、主食、肉类等）、备品（盆、洗消品等）等分部门录入并形成入库单。

2. 物品出库需求

实现食品（蔬菜、主食、肉类等）、备品（盆、洗消品等）等分部门查询并形成出库单。

3. 统计管理需求

（1）按月份和部门查询并查看物品的入库单，查询后可以打印；如果是超级管理员则有权力修改入库单。另外，可以修改入库单的报销状态，是已报销还是

未报销。

（2）按月份和部门查询并查看物品的出库单，查询后可以打印；如果是超级管理员则有权力修改出库单。

（3）按月份统计所有物品库存及结余，如1月、2月、……

（4）按部门和月份联合统计物品的库存及结余。

（5）统计与查看某种商品一段时间内的价格变化。

（6）按供货单位和月份联合，统计某供应商1个月内所有供应的商品，包括商品名称、数量、单价、送货时间及送货人。

4. 水、电、煤气费的统计需求

以部门汇总，统计每个部门每个月的水、电、煤气的用量和金额。因为有些部门没有水表和电表，所以没有水表和电表的部门的费用是用总数减去已知部门的费用后，取的平均值，所以在设计时需要考虑的事情很多，此模块需要好好设计。

5. 台账管理需求

（1）采购物品明细统计单录入。

（2）餐饮单位原材料采购验收记录单录入。

（3）餐饮中心采购物品来源统计单。

（4）餐饮中心添加剂使用记录单。

（5）餐饮中心添加剂采购验收记录单。

6. 食堂部门管理需求

食堂部门名称的显示、新增、修改、删除，适应部门的变动。

7. 物品编号管理需求

物品编号的显示、新增、修改、删除，方便物品的录入。

8. 供货单位管理需求

供货单位的显示、新增、修改、删除。

9. 用户管理需求

（1）普通用户（查看与打印功能）。

（2）保管员（查看、打印、录入与查询功能）。

（3）超级管理员（查看、打印、录入、查询、修改及用户管理）。

三、总体设计

系统总体设计如图5-1所示。

1. 登录模块

登录系统界面如图5-2所示，只有经过超级管理员添加后的用户才可以使用本系统。本系统不提供用户注册功能。

成果五　高等学校后勤管理中心进销存管理系统

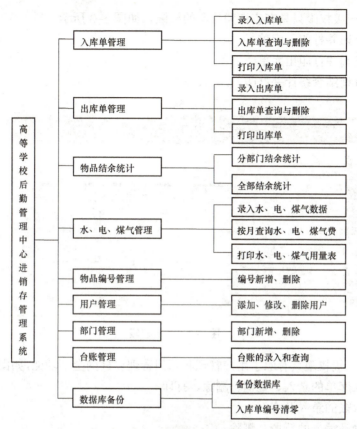

图 5–1　系统总体设计

图 5–2　登录系统

本系统中的登录用户的权限分为三级。

（1）一级权限只具有查询和打印的权限，如图 5-3 所示。

① 查询并打印入库单。

② 查询并打印出库单。

③ 查询结余统计并打印。

图 5-3　一级权限

（2）二级权限具有除了用户管理和部门管理以外的全部功能，如图 5-4 所示。

① 入库单的录入、查询、删除、打印。

② 台账的录入及查询。

③ 物品编号的新增、删除。

④ 水、电、煤气数据的录入及查询。

⑤ 出库单的录入、查询及删除。

⑥ 部门及全部结余的查询。

图 5-4　二级权限

成果五 高等学校后勤管理中心进销存管理系统

（3）三级权限具有本系统的全部功能，如图 5-5 所示，在二级权限的基础上能够对用户和部门进行管理以及进行数据库备份。

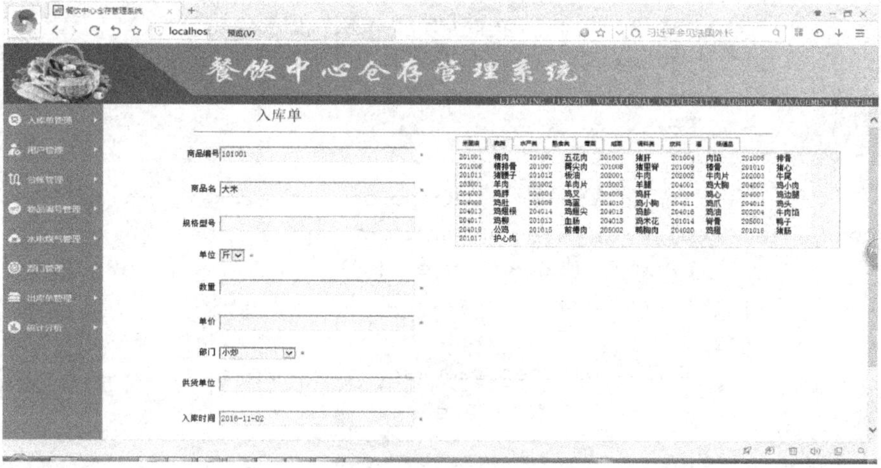

图 5-5 三级权限

用户权限级别的控制采用数据表、Java 程序和 JSP 页面一起配合来实现。首先用户表的结构设计如下，加入了 quanxian 字段，值为 1 则为一级用户权限，值为 2 则为二级用户权限，值为 3 则为三级用户权限。

```
CREATE TABLE 'yonghutable'(
'id' int(11) NOT NULL AUTO_INCREMENT,
'user' char(255) NOT NULL,
'password' char(255) NOT NULL,
'quanxian' char(255) NOT NULL,
PRIMARY KEY ('id')) ENGINE=InnoDB AUTO_INCREMENT=5 DEFAULT CHARSET=gbk;
```

Java 程序中采用 session 对象来存储用户登录的信息，根据登录用户的级别以显示不同的页面内容，可以在每个页面中加入判断程序，也可以在程序中加入过滤器来实现。本项目中采用过滤器的方式实现，可以对程序进行统一管理，实现代码共享。当用户权限级别不够时，程序自动跳转到无权限页面。实现代码如下：

```java
public class UserFilter2 implements Filter {
    private FilterConfig filterConfig;
    public void init(FilterConfig cfg) throws ServletException{
        this.filterConfig=cfg;
    }
    public void doFilter(ServletRequest req, ServletResponse res,
        FilterChain chain) throws IOException,ServletException
{
```

```
            HttpServletRequest request=(HttpServletRequest)req;
            HttpServletResponse response=(HttpServletResponse)res;
            Object quanxian = ((HttpServletRequest) request).
                getSession().getAttribute("quanxian");
            if (!quanxian.equals("3"))
            {
                try
                {
                    ((HttpServletResponse)
response).sendRedirect("../../wuquanxian.jsp");
                } catch (Exception e) { }
            }
            try {
                chain.doFilter(request, response);
            } catch (Exception e) { }
        }
        public void destroy() { }
}
```

在 JSP 页面中获取 session 中的用户权限值并进行判断,显示不同的页面信息内容。核心实现程序如下:

```
String quanxian=(String)session.getAttribute("quanxian");
if(quanxian.equals("2")||quanxian.equals("3"))
{
%>
<dd class="first_dd"><a href="rukudan.jsp" target="mainFrame">录入入库单</a></dd>
<dd><a href="rkdtongjiguanli.jsp" target="mainFrame">查询/修改入库单</a></dd>
<%
}
%>
<dd><a href="rkddayin.jsp" target="mainFrame">打印入库单</a></dd>
</dl>
<%
if(quanxian.equals("3"))
{
%>
<dl class="custom">
<dt onClick="changeImage()">用户管理<img src="images/left/select_xl01.png"></dt>
<dd class="first_dd"><a href="cj/yonghu.jsp" target="mainFrame">
```

新增/修改/删除</a></dd>
      <dd class="first_dd"><a href="cj/beifen.jsp" target="mainFrame">备份数据库</a></dd>
   <dd class="first_dd"><a href="cj/gonghuodw.jsp" target="mainFrame">供货单位管理</a></dd>
   </dl>
   <%
}
```

**2. 入库单管理模块**

入库单管理模块可以实现入库单的管理，包括入库单的录入、查询、删除、打印等操作。

（1）入库单录入。需要提供商品的编号或名称（两者提供一个即可）、规格型号、单位、数量、单价、采买部门、商品的供货单位、入库的日期（默认为当天的系统日期）。

物品的编号或名称输入一个即可，当有忘记的商品名称或编号时，可以在本窗口后侧的面板中分类进行查看，如图5-6所示。

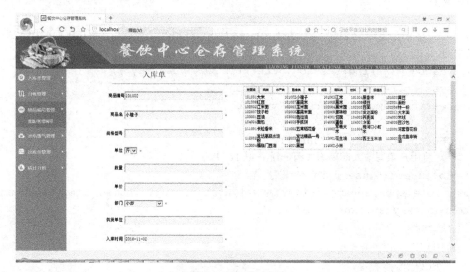

图5-6 录入入库单

入库单的录入采用Java程序实现。首先编写入库单实体类，再编写Servlet程序实现入库功能。

入库单实体类包含商品编号、商品名称、规格型号、单位、数量、单价、部门、送货单位、入库时间等信息和相关的Get**和Set**方法。入库Servlet主要实现将商品入库的功能，其核心功能代码如下：

```
public void doPost(HttpServletRequest request, HttpServletResponse response)
```
```

```
throws ServletException, IOException {
request.setCharacterEncoding("gbk");
response.setContentType("text/html;charset=gbk");
String spbh = request.getParameter("spbh");
String spname = request.getParameter("spname");
String guige = request.getParameter("guige");
String danwei = request.getParameter("danwei");
String number = request.getParameter("number");
String danjia = request.getParameter("danjia");
String bumen = request.getParameter("bumen");
String company = request.getParameter("company");
String rukudate = request.getParameter("rukudate");
// String rukutype=request.getParameter("rukutype");
//如果用户先执行了入库单删除操作,则取出存入在session中的原编号
HttpSession session=request.getSession();
String yuanbh="",yuanbgy="";
if(null!=(String)session.getAttribute("yuanrbh"))//如果session中存入了原编号
    {
yuanbh=(String)session.getAttribute("yuanrbh");//取出,并在下面的插入语句中插入
    yuanbgy=(String)session.getAttribute("yuanrbgy");
    session.removeAttribute("yuanrbh");
    session.removeAttribute("yuanrbgy");
    }
    DBConn db = new DBConn();
    // 将用户填写的入库单添加到rukutable中
    db.insert("insert into rukutable(spbh,spname,guige,danwei,number,danjia,bumen,company,rukudate,baoguanyuan,rkdbh) values("
    + spbh
    + "','"
    + spname
    + "','"
    + guige
    + "','"
    + danwei
    + "','"
    + number
    + "','"
    + danjia
    + "','"
    + bumen
```

```
+ "','"
+ company
+ "','" + rukudate + "','"+yuanbgy+"','"+yuanbh+"')");
    // 下面到jieyu表中查询是否有此条记录，如果有则执行修改操作，在原先数据的基础上加上这条数据的数量，以作统计
    // 如果没有则执行插入操作
    String sql = "select * from jieyu where spbh="+spbh+" and spname='"
+ spname + "'and guige='" + guige + "' and danwei='" + danwei
+ "' and danjia = " + danjia + " and bumen='" + bumen + "' ";
    System.out.println("入库到结余表中查询的语句："+sql);
    ResultSet rs = db.chaXun(sql);
    try {
    if (rs.next()) {
    //如果在jieyu表中查询到此次录入的相关数据，则执行修改操作，在jieyu表中原先数量的基础上再加上本次入库的数量
        Float jieyuyuannumber=rs.getFloat("number");//获取jieyu表中原先的数量值
        BigDecimal bd=new BigDecimal(jieyuyuannumber);
        BigDecimal jiahounumber=bd.add(new BigDecimal(number));//原行的数量加上本次录入的数量
        NumberFormat nm=NumberFormat.getNumberInstance();
        Float f=Float.parseFloat(nm.format(jiahounumber).replaceAll(",",""));//转换为float类型
    //执行修改操作
        db.insert("update jieyu set number="+f+" where spbh=" + spbh + " and spname='"
+ spname + "'and guige='" + guige + "' and danwei='" + danwei
+ "' and danjia = " + danjia + " and bumen='" + bumen + "'");

    } else {//没有在jieyu表中查询到相关记录，执行插入操作，将入库信息写入jieyu表中
        db.insert("insert into jieyu(spbh,spname,guige,danwei,number,danjia,bumen) values("
+ spbh
+ ",'"
+ spname
+ "','"
+ guige
+ "','"
+ danwei
+ "','"
+ number
+ "','"
```

```
+ danjia
+ "','"
+ bumen
+"')");
}
} catch (Exception e) {
System.out.println("查询操作jieyu表出现问题：" + e.getMessage());
}
db.close();
PrintWriter out = response.getWriter();
out.write("<script> " + "if(confirm(\"继续添加入库单吗？\")) "
+ "location.href='rukudan.jsp';" + "else  window.close();"
+ "</script> ");
}
```

注意：商品录入后，即增加了库存，所以如果商品入库单录入错误，不能单纯地将入库单删除，这样库存不会减少，需要：① 将录入错误的商品进行出库；② 将录入错误的入库单删除；③ 重新录入正确的入库单。

（2）入库单查询。查询方式有5种可以选择，如图5-7所示。

图5-7 入库单查询

① 按月份。选择要查询的入库单的录入开始日期和截止日期，单击"提交"按钮即可。

② 按月份和部门。首先选择要查询的入库单的录入开始日期和截止日期，然后在部门下拉列表中选择部门，单击"提交"按钮即可。

③ 按月份和供货单位。首先选择要查询的入库单的录入开始日期和截止日期，然后在供货单位下拉列表中选择供货单位，单击"提交"按钮即可。

成果五　高等学校后勤管理中心进销存管理系统

④ 按月份和物品编号。首先选择要查询的入库单的录入开始日期和截止日期，然后在物品编号文本框中输入要查询的物品编号，单击"提交"按钮即可。此查询不但可以查询入库单，还可以实现按阶段来查询采购的某种商品的数量和价格波动，对商品进行分析。

⑤ 按月份、物品编号和部门。首先选择要查询的入库单的录入开始日期和截止日期，然后在部门下拉列表中选择部门，再输入商品的编号，单击"提交"按钮即可。

入库单查询的选择方式在页面中采用单选按钮来实现，选择不同的单选按钮后在下面显示不同的查询信息，如选中"按月份"单选按钮后，显示开始日期和结束日期，选中"按月份和部门"单选按钮后，则显示开始日期、结束日期和部门下拉列表等。在代码中使用 JavaScript 和 Servlet 实现。核心的 JavaScript 代码如下：

```
function switchItem(tag){
var ksrq = document.getElementById('ksrq');
var kaishi = document.getElementById('kaishi');
var jzrq = document.getElementById('jzrq');
var jiezhi = document.getElementById('jiezhi');
var xzbm = document.getElementById('xzbm');
var bumen = document.getElementById('bumen');
var xzghdw = document.getElementById('xzghdw');
var gonghuo = document.getElementById('gonghuo');
var xzwp = document.getElementById('xzwp');
var srwp = document.getElementById('srwp');
if(tag=='yuefen'){
ksrq.style.display = '';
kaishi.style.display = '';
jzrq.style.display = '';
jiezhi.style.display = '';
xzbm.style.display = 'none';
bumen.style.display = 'none';
xzghdw.style.display = 'none';
gonghuo.style.display = 'none';
xzwp.style.display='none';
srwp.style.display='none';
}
else if(tag=='yuefenandbumen'){
ksrq.style.display = '';
kaishi.style.display = '';
jzrq.style.display = '';
jiezhi.style.display = '';
```

```
xzbm.style.display = '';
bumen.style.display = '';
xzghdw.style.display = 'none';
gonghuo.style.display = 'none';
xzwp.style.display='none';
srwp.style.display='none';
}
else if(tag=='yuefenandgonghuo')
{
ksrq.style.display = '';
kaishi.style.display = '';
jzrq.style.display = '';
jiezhi.style.display = '';
xzbm.style.display = 'none';
bumen.style.display = 'none';
xzghdw.style.display = '';
gonghuo.style.display = '';
xzwp.style.display='none';
srwp.style.display='none';
}
else if(tag=='yuefenandwupin')
{
ksrq.style.display = '';
kaishi.style.display = '';
jzrq.style.display = '';
jiezhi.style.display = '';
xzbm.style.display = 'none';
bumen.style.display = 'none';
xzghdw.style.display = 'none';
gonghuo.style.display = 'none';
xzwp.style.display='';
srwp.style.display='';
}
else
{
ksrq.style.display = '';
kaishi.style.display = '';
jzrq.style.display = '';
jiezhi.style.display = '';
xzbm.style.display = '';
bumen.style.display = '';
xzghdw.style.display = '';
gonghuo.style.display = '';
```

```
}
}
```

实现查询的核心 Servlet 代码如下:

```
String sql1="select * from rukutable where rukudate between
'"+kaishidate+"' and '"+jiezhidate+"'";
//按日期查询
String sql2="select * from rukutable where bumen='"+bumen+"' and
rukudate between '"+kaishidate+"' and '"+jiezhidate+"'";
//按日期、部门查询
String sql3="select * from rukutable where company='"+gonghuo+"' and
rukudate between '"+kaishidate+"' and '"+jiezhidate+"'";
//按日期、供货单位查询
String sql4="select * from rukutable where spbh like '"+spbh+"%' and
rukudate between '"+kaishidate+"' and '"+jiezhidate+"'";
//按日期和物品编号进行模糊查询

RuKuEntity rk[];
int n=0;
if(chaxunfs.equals("yuefen"))//按日期查询
{
rs=db.chaXun(sql1);
//System.out.println(sql1);
}
else if(chaxunfs.equals("yuefenandbumen"))//按日期、部门查询
{
rs=db.chaXun(sql2);
//System.out.println(sql2);
}
else if(chaxunfs.equals("yuefenandwupin"))
{
rs=db.chaXun(sql4);
}
else//按日期、供货单位查询
{
rs=db.chaXun(sql3);
//System.out.println(sql3);
}
```

（3）入库单删除。这里要特别强调的是删除入库单并不会减少库存。当需要删除入库单时，首先查询需要删除的入库单，选中此入库单后面对应的复选框，单击"删除"按钮即可，核心代码如下：

```
if(request.getParameter("chedishanchu")!=null)//用户在出库单统计修改
```

页面中单击了彻底删除按钮
　　{
　　String shanchu[]=request.getParameterValues("shanchu");//获取用户单击删除的复选框的所有值
　　//如果用户选择删除入库单,则按照id进行查询要删除入库单的编号和保管员,存入在session中
　　//然后在录入入库单时写入session中存入的编号和保管员
　　for(int i=0;i<shanchu.length;i++)//根据获取的复选框值,进行依次删除
　　{
　　//System.out.print(shanchu[i]);
　　db.insert("DELETE FROM rukutable WHERE id="+shanchu[i]);
　　}
　　db.close();
　　response.sendRedirect("rkdtongjiguanli.jsp");//删除完后返回
　　}

　　(4)入库单打印。按照之前入库单的查询方式,查询想要打印的入库单后,单击页面下面的"打印"按钮进入图5-8所示的打印页面。打印之前,在此页面中的文本框中输入保管员的姓名后,并单击"添加保管员并生成入库单编号"按钮,随后即可打印。

图5-8　打印入库单

　　注意：此入库单的打印分为两种方式。
　　如果需要报销则单击"打印内容"按钮,会生成报销格式的页面文档打印。
　　如果不需要报销的入库单,则可以单击"打印预览"链接,生成普通的Word文档格式进行打印。
　　如果是已经打印过的入库单,则在此页面中会显示为红色；否则显示为黑色。

成果五　高等学校后勤管理中心进销存管理系统

　　入库单打印时可以先进行查询，根据查询条件显示不同的打印内容。这部分功能和入库单查询类似，额外加入了打印功能。因为打印需要特殊的格式，最重要的是打印格式的调整，所以在本项目中使用 JavaScript 来控制打印格式。核心代码如下：

```javascript
<script language="javascript" type="text/javascript">
var LODOP; //声明为全局变量
function Preview1() {
LODOP=getLodop(document.getElementById('LODOP_OB'),document.getElementById('LODOP_EM'));
LODOP.PRINT_INITA(0,0,522,333,"打印控件功能演示_Lodop功能_自定义纸张1");
LODOP.SET_PRINT_PAGESIZE(0,2100,1380,"A4");
AddPrintContent("10101010101010","");
LODOP.PREVIEW();
};
function AddPrintContent(strCode,strName) {
var strBodyStyle="<style>table{.dashed_tbl {border-top: 1px dashed #333333;border-left: 1px dashed #333333;}.dashed_tbl td {border-bottom: 1px dashed #333333;border-right: 1px dashed #333333;padding: 3px 10px;}}</style>";
LODOP.ADD_PRINT_HTM(-40,"5%","90%",90,document.getElementById("div1").innerHTML);
LODOP.SET_PRINT_STYLEA(0,"LinkedItem",1);
LODOP.ADD_PRINT_TABLE(145,"5%","90%","50%",document.getElementById("div2").innerHTML);
LODOP.SET_PRINT_STYLEA(1,"ItemType",1);
LODOP.SET_PRINT_STYLEA(1,"Vorient",3);
LODOP.ADD_PRINT_HTM(450,50,"100%",40,document.getElementById("div3").innerHTML);
LODOP.SET_PRINT_STYLEA(3,"LinkedItem",3);
LODOP.SET_PRINT_STYLEA(3,"FontSize",12);

LODOP.SET_PRINT_STYLEA(3,"FontColor","#ffffff");
LODOP.SET_PRINT_STYLEA(3,"Alignment",1);
LODOP.SET_PRINT_STYLEA(3,"ItemType",1);
LODOP.SET_PRINT_STYLEA(3,"Horient",3);
LODOP.NewPageA();
LODOP.ADD_PRINT_TEXT(3,653,135,20,"总页号：第#页/共&页");
LODOP.SET_PRINT_STYLEA(4,"ItemType",2);
LODOP.SET_PRINT_STYLEA(4,"Horient",1);
LODOP.SET_PRINT_STYLEA(4,"ItemType",1);
LODOP.PREVIEW();
```

```
};
function getSelectedPrintIndex(){
if (document.getElementById("Radio2").checked)
return document.getElementById("PrinterList").value;
else return -1;
};
function getSelectedPageSize(){
if (document.getElementById("Radio4").checked)
return document.getElementById("PagSizeList").value;
else return "";};
function CreatePrinterList(){
if (document.getElementById('PrinterList').innerHTML!="") return;
LODOP=getLodop(document.getElementById('LODOP_OB'),document.getEleme
ntById('LODOP_EM'));
var iPrinterCount=LODOP.GET_PRINTER_COUNT();
for(var i=0;i<iPrinterCount;i++){
var option=document.createElement('option');
option.innerHTML=LODOP.GET_PRINTER_NAME(i);
option.value=i;
document.getElementById('PrinterList').appendChild(option);
};};
function clearPageListChild(){
var PagSizeList =document.getElementById('PagSizeList');
while(PagSizeList.childNodes.length>0){
var children = PagSizeList.childNodes;
for(i=0;i<children.length;i++){
PagSizeList.removeChild(children[i]);
};};}
function CreatePagSizeList(){
LODOP=getLodop(document.getElementById('LODOP_OB'),document.getEleme
ntById('LODOP_EM'));
clearPageListChild();
var strPageSizeList=LODOP.GET_PAGESIZES_LIST(getSelectedPrintIndex(),"\n");
var Options=new Array();
Options=strPageSizeList.split("\n");
for (i in Options)
{
var option=document.createElement('option');
option.innerHTML=Options[i];
option.value=Options[i];
document.getElementById('PagSizeList').appendChild(option);
}}
</script>
```

3. 出库单管理模块

出库单管理模块可以实现出库单的管理，包括出库单的录入、查询、删除、打印等操作。

（1）出库单录入。如图 5-9 所示，进入出库单录入界面，页面中显示的为所有部门的全部商品的库存。当需要出库时，可以在部门下拉列表框中选择需要出库的部门，这样查询出来的库存内容是分部门的，选择出库的商品相对容易些。

图 5-9　录入出库单

出库时找到相应的商品后，选择"出库日期"，并录入出库数量，然后单击"出库"按钮。出库单的数据是从结余表中查询到的数据，如果录入出库信息后，则直接从结余表中减去库存，出库的核心代码如下：

```
if (request.getParameter("chuku") != null) {
String chukuid = request.getParameter("chukuid");
String chukusl = request.getParameter("chukusl");
System.out.println("chukuid=" + chukuid + "chukusl=" + chukusl);
rs = db.chaXun("select * from jieyu where id=" + chukuid);
rs.next();
String spbh, spname, guige, danwei, number, danjia, bumen, chukudate;
spbh = rs.getString("spbh");
spname = rs.getString("spname");
guige = rs.getString("guige");
danwei = rs.getString("danwei");
danjia = rs.getString("danjia");
bumen = rs.getString("bumen");
chukudate = request.getParameter("chukudate");
Float jieyuyuannumber = rs.getFloat("number");//获取jieyu表中原先的
```

数量值
```
    BigDecimal bd = new BigDecimal(jieyuyuannumber);
    BigDecimal jiahounumber = bd.subtract(new BigDecimal(chukusl));//
```
原行的数量减去本次录入的数量
```
    NumberFormat nm = NumberFormat.getNumberInstance();
    Float f = Float.parseFloat(nm.format(jiahounumber).replaceAll(
    ",", ""));//转换为float类型
    //执行修改操作
if (f > 0) {//说明库存够，可以出库，执行jieyu表中的修改操作和写入出库表操作
    db.insert("update jieyu set number=" + f + " where id="
    + chukuid);
    db.insert("insert into
chukutable(spbh,spname,guige,danwei,number,danjia,bumen,chukudate)
values("
    + spbh
    + "','"
    + spname
    + "','"
    + guige
    + "','"
    + danwei
    + "','"
    + chukusl
    + "','"
    + danjia
    + "','"
    + bumen + "','" + chukudate + "')");
    out.write("<script>"
    + "location.href='chukudan2.jsp?tijiao=a';"
    + "</script> ");
    }
    if (f == 0) {//说明减完后库存中数据为0了，则在jieyu表中执行删除操作
    db.insert("delete from jieyu where id=" + chukuid);
    db.insert("insert into chukutable(spbh,spname,guige,danwei,number,
danjia,bumen,chukudate) values("
    + spbh
    + "','"
    + spname
    + "','"
    + guige
    + "','"
    + danwei
    + "','"
```

```
                + chukusl
                + "','"
                + danjia
                + "','"
                + bumen + "','" + chukudate + "')");
        out.write("<script>"
                + "location.href='chukudan2.jsp?tijiao=a';"
                + "</script> ");
        }
        if (f < 0)//说明库存不足,不可以出库
        {
        out.write("<script>  " + "alert(\"库存不足,不能出库。库存:"
                + jieyuyuannumber + "\");"
                + "location.href='chukudan2.jsp?tijiao=a';"
                + "</script> ");
        }
        }
```

如果出库的数量不大于库存,则可以正常出库;如果出库的数量大于库存,则提示库存不够不能出库。由于结余表中数量即库存种类太多,所以本处为库存添加了分页显示的效果,本项目中多处分页代码都采用以下代码:

```
rs = db.chaXun("select count(*) as total from jieyu where bumen='"
+ bumen + "'");
if (rs != null && rs.next()) {
allrec = rs.getInt(1);
}
allpage = allrec % pagesize == 0 ? allrec / pagesize : allrec
/ pagesize + 1;
int firstp = 1, lastp = allpage;
if (pageno - 3 > 1) {
firstp = pageno - 3;
}
if (pageno + 3 < lastp) {
lastp = pageno + 3;
}
%>
<div align="center">
<font size="5">
<%
if (firstp > 1) {
%>
<a href="chukudan2.jsp?tijiao=a&pageno=1">首页</a>
```

```
<%
}
for (int i = firstp; i <= lastp; i++) {
if (i == pageno) {
%> <%=i + "    "%> <%
} else {
%> <a href='chukudan2.jsp?tijiao=a&pageno=<%=i%>'><%=i + "    "%></a>
<%
}
}
if (lastp < allpage) {
%> <a href="chukudan2.jsp?tijiao=a&pageno=<%=allpage%>">末页</a>
<%
}
%>
</font>
</div>
<%
rs = db.chaXun("select * from jieyu where bumen='" + bumen
+ "' order by spbh limit " + (pageno - 1) * pagesize + "," + pagesize);
if (rs.next()) {
rs.beforeFirst();
while (rs.next())//循环输出查到的数组中的数据
{
%>
<form id="form2" name="form2" method="post"
action="chukudan2.jsp?tijiao=a&chukuid=<%=rs.getString("id")%>">
<tr>
<td height="19" bgcolor="#FFFFFF"><%=rs.getString("spname")%></td>
<td bgcolor="#FFFFFF"><%=rs.getString("guige")%></td>
<td bgcolor="#FFFFFF"><%=rs.getString("danwei")%></td>
<td bgcolor="#FFFFFF"><%=nm1.format(new
BigDecimal(rs.getString("number")))%></td>
<td bgcolor="#FFFFFF"><%=nm1.format(new
BigDecimal(rs.getString("danjia")))%></td>
<td bgcolor="#FFFFFF"><%=rs.getString("bumen")%></td>
<td bgcolor="#FFFFFF">
<%
SimpleDateFormat df = new SimpleDateFormat("yyyy-MM-dd");
%> <input type="text" name="chukudate" id="textfield9"
value="<%=df.format(d)%>"
style="width:150px; height:20px; background-color:#F3F9FC"
onClick="WdatePicker()" /> </label>
```

```
</td>
<td bgcolor="#FFFFFF"><input name="chukusl" type="text"
size="10" onkeyup="if(isNaN(value))execCommand('undo')"
onafterpaste="if(isNaN(value))execCommand('undo')" /> <input
name="chuku" type="submit"
style="width:60px; height:20px; " value="出库" /></td>
</tr>
</form>
<%
}
} else//根据指定条件没有查询到指定的数据
{
%>
<tr>
<td bgcolor="#FFFFFF" colspan="11">
<%
out.print("暂时没有您要查找的信息");
%>
</td>
</tr>
<%
}
}//结束从Servlet返回后,传递的参数叫tijiao,说明用户单击了查询按钮
else {
rs = db.chaXun("select count(*) as total from jieyu");
if (rs != null && rs.next()) {
allrec = rs.getInt(1);
}
allpage = allrec % pagesize == 0 ? allrec / pagesize : allrec/ pagesize
+ 1;
int firstp = 1, lastp = allpage;
if (pageno - 3 > 1) {
firstp = pageno - 3;}
if (pageno + 3 < lastp) {
lastp = pageno + 3;
}
%>
<div align="center">
<font size="5">
<%
if (firstp > 1) {
%>
<a href="chukudan2.jsp?pageno=1">首页</a>
```

```
<%}
for (int i = firstp; i <= lastp; i++) {
if (i == pageno) {
out.print(i + "  ");
} else {
out.print("<a href='chukudan2.jsp?pageno=" + i + "'>"
+ i + "  " + "</a>");
}}
if (lastp < allpage) {
%>
<a href="chukudan2.jsp?pageno=<%=allpage%>">末页</a>
<%
}
%>
</font></div>
<%
rs = db.chaXun("select * from jieyu order by spbh limit " + (pageno - 1)
* pagesize + "," + pagesize );
if (rs.next()) {
rs.beforeFirst();
while (rs.next()) {
%>
<form id="form2" name="form2" method="post"
action="chukudan2.jsp?chukuid=<%=rs.getString("id")%>">
<tr>
<td height="19" bgcolor="#FFFFFF"><%=rs.getString("spname")%></td>
<td bgcolor="#FFFFFF"><%=rs.getString("guige")%></td>
<td bgcolor="#FFFFFF"><%=rs.getString("danwei")%></td>
<td bgcolor="#FFFFFF"><%=nm1.format(new
BigDecimal(rs.getString("number")))%></td>
<td bgcolor="#FFFFFF"><%=nm1.format(new
BigDecimal(rs.getString("danjia")))%></td>
<td bgcolor="#FFFFFF"><%=rs.getString("bumen")%></td>
<td bgcolor="#FFFFFF">
<%SimpleDateFormat df = new SimpleDateFormat("yyyy-MM-dd");%>
 <input type="text" name="chukudate"
id="textfield9"value="<%=df.format(d)%>"
style="width:150px; height:20px; background-color:#F3F9FC"
onClick="WdatePicker()" /> </label>
</td>
<td bgcolor="#FFFFFF"><input name="chukusl" type="text"
size="10" onkeyup="if(isNaN(value))execCommand('undo')"
```

```
onafterpaste="if(isNaN(value))execCommand('undo')" /> <input
name="chuku" type="submit"
style="width:60px; height:20px; " value="出库" /></td>
</tr>
</form>
<%
}} else {
%>
<tr>
<td bgcolor="#FFFFFF" colspan="11">
<%
out.print("暂时没有您要查找的信息");
%>
</td>
</tr>
<%}}%>
```

（2）出库单查询。出库单的查询可以分为4种方式，即按月份、按月份和部门、按月份和供货单位、按月份和商品编号。与入库单的查询方式类似，这里不再赘述。出库单查询界面如图5-10所示。

图5-10　查询出库单

（3）出库单删除。这里特别要强调的是，删除出库单并不会增加库存。当需要删除出库单时，首先查询需要删除的出库单，选中此出库单后面对应的复选框，单击"删除"按钮即可。

（4）出库单打印。按照之前的出库单的查询方式，查询想要打印的出库单后，单击页面下面的"打印"按钮进入图5-11所示的打印页面。打印之前在此页面的文本框中输入保管员的姓名后并单击"添加保管员并生成出库单编号"按钮,随后即可打印。

图 5-11　打印出库单

注意：出库单的打印与入库单的打印类似也分为两种方式。

（1）如果需要报销则单击"打印内容"按钮,会生成报销格式的页面文档打印。

（2）如果不需要报销的入库单,则可以单击"打印预览"链接,生成普通的 Word 文档格式进行打印。

（3）如果是已经打印过的出库单,在此页面中会显示为红色；否则显示为黑色。

4. 用户管理

具有超级管理员权限的用户可以查看所有的用户名与密码,并可以增加新用户、修改已有用户的信息、删除用户。由于本系统使用的用户不多,所以用户管理模块并不复杂,界面简单易于操作,如图 5-12 所示。

图 5-12　用户管理界面

5. 部门管理

具有超级管理员权限的用户可以进行部门的管理。部门管理包括餐饮部门管理、水电部门管理和供货部门管理，分别如图 5-13～图 5-15 所示，并全部可以实现对部门的新增和删除。

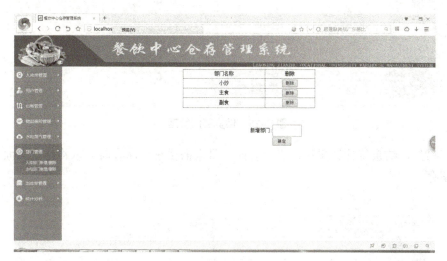

图 5-13　餐饮部门管理

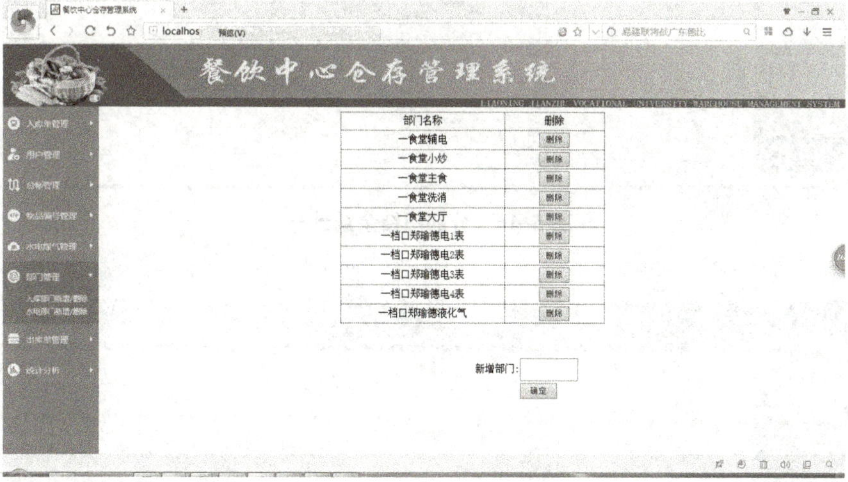

图 5-14　水电部门管理

6. 结余统计管理

结余统计管理分为两种方式,即查看全部部门的结余和分部门查看部门的结余。需要分部门查看结余时，在部门选择下拉列表框中选择想要查看的部门，并单击"提交"按钮即可,如图 5-16 和图 5-17 所示,查看全部结余统计结果如图 5-18 和图 5-19 所示。

图 5-15　供货部门管理

另外，结余统计结果可以进行打印，月末需要统计库存时可以将结余页面打印留存。

图 5-16　分部门结余统计一

图 5-17　分部门结余统计二

成果五 高等学校后勤管理中心进销存管理系统

图 5-18 全部结余统计一

图 5-19 全部结余统计二

7. 编号管理

超级管理员可以进行商品编号的管理，包括商品编号的查询、新增、删除。

（1）新增物品编号。在图 5-20 所示的页面中，输入新增物品的编号和名称，单击"确定"按钮即可。当新增的物品编号或名称与原有的物品编号和名称相同时，则提示用户此编号或物品已经存在。

（2）删除物品编号。当有一些不用的物品时，可以将此物品的编号删除。在图 5-20 所示的页面中输入要删除的物品编号，单击"查询"按钮，如果查询到则出现此编号对应的物品名称和删除按钮，单击"删除"按钮即可。

图 5-20　物品的编号管理

本系统中商品编号和商品名称全部采用二级联动 AJAX 技术实现，当输入其中任意一项内容（如输入商品编号），则自动显示该商品的名称，如输入商品名称则自动显示商品编号。

核心实现代码如下：

```
try {
xmlHttp2 = new ActiveXObject("Msxml2.XMLHTTP");
} catch (e) {
try {
xmlHttp2 = new ActiveXObject("Microsoft.XMLHTTP");
} catch (e2) {
xmlHttp2 = false;
}
}
if (!xmlHttp2 && typeof XMLHttpRequest != "undefined") {
xmlHttp2 = new XMLHttpRequest();
}
function $(id) {
return document.getElementById(id);
}
function chkuser2() {
var username2 = document.getElementById("spname").value;
var url2 = "dongtaiwbk2?uname=" + trim2(username2);
xmlHttp2.open("GET", url2, true);
xmlHttp2.onreadystatechange = update2;
xmlHttp2.send(null);
```

```
}
function trim2(str) {
return str.replace(/^(\s|\xA0)+|(\s|\xA0)+$/g, '');
}
function update2() {
if (xmlHttp2.readyState != 4) {
} else {
var response2 = xmlHttp2.responseText;
if (trim2(response2) != "") {
document.getElementById("spbh").value = response2;
document.getElementById("spnameinfo").innerText ="";
} else {
document.getElementById("spbh").value = "";
document.getElementById("spnameinfo").innerText ="物品名称不正确";
}
}
}
```

8. 水电煤气管理

二级用户可以对水、电、煤气进行管理，包括水、电、煤气用量及价格的录入、删除和查询。

（1）水、电、煤气的录入。图 5-21 所示为水、电、煤气的录入界面，录入时需要分别录入水、电、煤气本月表数及单价，选择录入的时间和部门即可。需要注意的是，此 3 项统计的内容为按月统计，所以在选择时间时不用选择具体的某一天，只要月份为本月就可以。

图 5-21 录入水、电、煤气

注意：在录入水、电、煤气数据时，还可以录入餐盘损失的数量和单价，也是以月份为统计单位。水电煤气信息在录入时采用动态表格形式，单击"插入行"

按钮则表格增加一行,可以录入一条数据,依此类推可以录入多条数据,如果数据录入错误,可以选择错误信息所在行进行修改或删除,此处动态表格功能使用JavaScript,核心代码如下:

```javascript
<script type="text/javascript">
function del(btn) {
var tr = btn.parentElement.parentElement;
var tbl = tr.parentElement;
if (tr.rowIndex >= 0) {
tbl.deleteRow(tr.rowIndex);
} else
{
}
}
function insRow()
{
document.form1.button.disabled=""
var x=document.getElementById('myTable').insertRow(-1)
var a=x.insertCell(0)
var b=x.insertCell(1)
var c=x.insertCell(2)
var d=x.insertCell(3)
var e=x.insertCell(4)
var f=x.insertCell(5)
var g=x.insertCell(6)
var h=x.insertCell(7)
var i=x.insertCell(8)
var j=x.insertCell(9)
a.innerHTML='<input type="text" name="shuishu" value="0" style="width:80px; height:20px; font-size:15px; ;border-left:0px;border-top:0px;border-right:0px;border-bottom:1px solid #DFEEFE; background-color:#FFFFFF" />'
b.innerHTML='<input type="text" name="shuijia" value="0" style="width:80px; height:20px; font-size:15px; ;border-left:0px;border-top:0px;border-right:0px;border-bottom:1px solid #DFEEFE; background-color:#FFFFFF" />'
c.innerHTML='<input type="text" name="dianshu" value="0" style="width:80px; height:20px; font-size:15px; ;border-left:0px;border-top:0px;border-right:0px;border-bottom:1px solid #DFEEFE; background-color:#FFFFFF" />'
d.innerHTML='<input type="text" name="dianjia" value="0" style="width:80px; height:20px; font-size:15px; ;border-left:0px;border-top:0px;border-right:0px;bor
```

```
der-bottom:1px   solid   #DFEEFE; background-color:#FFFFFF" />'
    e.innerHTML='<input type="text" name="meiqishu" value="0" style="width:80px; height:20px; font-size:15px; ;border-left:0px;border-top:0px;border-right:0px;border-bottom:1px  solid  #DFEEFE; background-color:#FFFFFF" />'
    f.innerHTML='<input type="text" name="meiqijia" value="0" style="width:80px; height:20px; font-size:15px; ;border-left:0px;border-top:0px;border-right:0px;border-bottom:1px  solid  #DFEEFE; background-color:#FFFFFF" />'
    g.innerHTML='<input type="text" name="canpanshu" value="0" style="width:80px; height:20px; font-size:15px; ;border-left:0px;border-top:0px;border-right:0px;border-bottom:1px  solid  #DFEEFE; background-color:#FFFFFF" />'
    h.innerHTML='<input type="text" name="canpanjia" value="0" style="width:80px; height:20px; font-size:15px; ;border-left:0px;border-top:0px;border-right:0px;border-bottom:1px  solid  #DFEEFE; background-color:#FFFFFF" />'
    i.innerHTML='<select name="shuidianbm" id="select6" style="width:150px; height:20px; background-color:#FFFFFF">'+
    <%
    DBConn db=new DBConn();
    ResultSet rs=db.chaXun("select * from shuidianbumen");
    String sdbm[];
    int n=0;
    int i=0;
    while(rs.next())
    {
    %>
    ' <option value="<%=rs.getString("sdbumen")%>"><%=rs.getString("sdbumen")%></option>'
    +
    <%}
    db.close();%>
    '</select>'
    j.innerHTML='<input type="button" onclick="del(this)" value="删除" />'
    }
    </script>
```

（2）水、电、煤气错误数据的删除。如果有录入错误的水、电、煤气数据，可以单击此行后面的"删除"按钮将其删除，再重新录入正确的数据。如果行数不够，则可以单击"插入行"按钮。

（3）查询水、电、煤气。可以按月份查询水、电、煤气的用量，如图 5-22 所示，可以选择按月份、按月份和部门两种方式进行查询。在月份的选择时只要查询的月份选择正确即可，不用计较日期，因为此项统计为按月统计，查询的数据可以为任意月份。

（4）水、电、煤气数据打印。查询到某月的统计数据后，可以进行打印。

图 5-22 查询水、电、煤气

水、电、煤气数据的打印在本项目中没有使用针式打印机，所以打印方式和入/出库单的打印方式不同，使用简单的调用浏览器打印的方式来实现，也是使用 JavaScript 代码实现，其核心代码如下：

```
function startPrint(obj)
{
var oWin=window.open(""," _blank");
var strPrint="<h4 style='font-size:18px; text-align:center;'>打印预览区</h4>\n";
strPrint=strPrint + "<script type=\"text/javascript\">\n";
strPrint=strPrint + "function printWin()\n";
strPrint=strPrint + "{";
strPrint=strPrint +    "var oWin=window.open(\"\",\"_blank\");\n";
strPrint=strPrint + "oWin.document.write(document.getElementById(\"content\").innerHTML);\n";
strPrint=strPrint + "oWin.focus();\n";
strPrint=strPrint + "oWin.document.close();\n";
strPrint=strPrint + "oWin.print()\n";
strPrint=strPrint + "oWin.close()\n";
strPrint=strPrint + "}\n";
```

```
strPrint=strPrint + "<\/script>\n";
strPrint=strPrint + "<hr size='1' />\n";
strPrint=strPrint + "<div id=\"content\">\n";
strPrint=strPrint + obj.innerHTML + "\n";
strPrint=strPrint + "</div>\n";
strPrint=strPrint + "<hr size='1' />\n";
strPrint=strPrint + "<div style='text-align:center'><button onclick='printWin()' style='padding-left:4px;padding-right:4px;'>打印</button><button onclick='window.opener=null;window.close();' style='padding-left:4px;padding-right:4px;'>关 闭</button></div>\n";
oWin.document.write(strPrint);
oWin.focus();
oWin.document.close();}
```

9. 台账管理

可以进行物品台账的录入和查询，如图 5-23 所示。这个功能是在最初使用手写单据而没有使用本系统时，有相关市级部门查询物品时使用。而现在使用本系统后，所有的物品数据都可以方便地查询出来，所以这个功能暂时可以不用。此处表格也采用与水电费数据录入时相同的方式，这里不再赘述。

图 5-23 台账管理

10. 数据库备份

为了防止数据丢失，使用此功能可定期进行数据的备份，将全部数据备份到磁盘上。另外，因为每个月月初在打印入库单据时，需要从 1 开始编号，所以将入库单编号清零操作也放在此位置。当入库单编号需要从 1 开始编号时，在此页面单击"入库单编号清零"按钮即可，如图 5-24 所示。

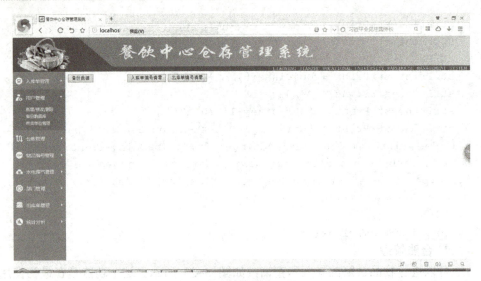

图 5-24 数据库备份

本系统使用 MySQL 数据库，备份数据库时采用 MySQL 的相关命令，在磁盘目录下生成.sql 文件，相关核心代码如下：

```
if(request.getParameter("beifen")!=null)
    {
        out.println("开始备份..."); out.println("备份目录为：f:/"+dd+".sql");
        String f="f:/"+dd+".sql";//备份文件在磁盘文件上的名字
try {
        Runtime rt = Runtime.getRuntime();
        // 调用MYSQL的安装目录的命令
        Process child = rt
            .exec("C://Program Files//MySQL//MySQL Server 5.5//bin//mysqldump -uroot -p1234 shit");
        // 设置导出编码为utf-8。这里必须是utf-8
        // 把进程执行中的控制台输出信息写入.sql文件，即生成备份文件。注：如果不对控制台信息进行读出，则会导致进程堵塞无法运行
        InputStream in = child.getInputStream();// 控制台的输出信息作为输入流
        InputStreamReader xx = new InputStreamReader(in, "utf-8");
        // 设置输出流编码为utf-8。这里必须是utf-8；否则从流中读入的是乱码
        String inStr;
        StringBuffer sb = new StringBuffer("");
        String outStr;
        // 组合控制台输出信息字符串
        BufferedReader br = new BufferedReader(xx);
        while ((inStr = br.readLine()) != null) {
```

```
            sb.append(inStr + "\r\n");
        }
        outStr = sb.toString();
        // 要用来做导入用的 sql 目标文件
        FileOutputStream fout = new FileOutputStream(f);
    OutputStreamWriter writer = new OutputStreamWriter(fout, "utf-8");
        writer.write(outStr);
        writer.flush();
        in.close();
        xx.close();
        br.close();
        writer.close();
        fout.close();
} catch (Exception e) {
    System.out.println("备份数据库: " + e.getMessage());
}
out.println("备份结束...");
    }
```

成果六　辽宁信息技术职业教育集团微平台

完成单位：辽宁建筑职业学院
完 成 人：宋　来、王　让、徐　凯、冯珊珊

一、项目背景

辽宁信息技术职业教育集团是以信息技术专业大类为主体，联合相关行业企业、职业院校进行校企共建、联合培养，促进职业教育教学改革。如何能够将行业企业、职业院校紧密联系在一起，在集团建设初期尽快通过交流沟通，实现各集团成员统建需求的平衡，以便有效地开展下一阶段的工作。实时、便捷的信息平台就显得极为迫切。针对目前智能手机的强大功能以及人们对其的依赖程度，考虑利用手机微信公众平台，进行职教集团业务功能的开发，以满足集团成员间的信息交互和业务办理，在短时间内进一步拉近集团各类成员间的距离，充分了解各方需求，为进一步共建共享、联合培养奠定信息化基础。

针对职教集团业务发展的需求，进行定制化设计，并且在设计开发的过程中，采用边建边用的原则，在使用中调整、完善平台的功能设计。

本平台采用微信公众号平台作为消息服务的支撑平台，无论从安全性、稳定性、时效性还是速度上都能达到要求。业务功能部分采用的是租用第三方服务器的方案，从文件服务器、数据库服务器、Web前端服务器进行测试，在性能、负载均衡、容灾、稳定性等方面都符合现有业务的使用要求。

二、主要功能

（1）信息服务功能。当前微平台中，提供集团新闻、通知公告、成员动态、集团概况、中心动态来为集团成员提供各类信息服务。其中中心动态包含软件开发、网络工程、数字媒体、大数据与物联网、电子产品、移动互联、BIM 7个教学与工程技术中心的动态信息，为分布在职教集团各建设院校提供展示工作状态的窗口。

（2）针对招生、就业、大赛、培训提供的服务。针对职教集团未来逐渐展开的业务中，微平台会为招生、就业提供及时的信息发布，满足职教集团成员单位学校招生和企业用人的需求；微平台还为技能大赛、师资培训和讲座等活动提供

信息通道，可以为活动的顺利展开提供信息保障。未来还会根据业务发展需求，增加报名、咨询等交互功能。

（3）业务功能服务。在现阶段，本项功能是根据职教集团建设的一年间出现的业务需求而定制开发的，并经过不断的调整和完善，将为职教集团各个成员开发使用。

① 微信扫码报名功能。通过微信扫描活动通知文档中的参会二维码，进行在线回执报名，利用手机即可完成参会的报名及相关信息的提交，极大地简化了参会报名的操作流程，有效地提高了主办方对报名信息的统计效率。

② 微信扫码签到功能。在实现微信扫码报名参会后，报到当天再通过设计签到二维码，让参会者通过微信进行扫码签到，极大地简化了报到过程中烦琐的登记和确认，又准确、快捷地实现签到信息的统计及确认，对主办方和参会者都提供了良好的体验。

三、总体设计

辽宁信息技术职业教育集团微平台设计的宗旨是应用信息技术为职教集团校企共建、资源共享、区域服务、互惠多赢提供技术支撑，应用信息技术促进"互联网+"思维的形成，以满足职业院校信息素养的培养目标和行业快速发展的要求，为区域经济的发展提供全面合格的高技能型人才。

1. 系统构成

辽宁信息技术职业教育集团微平台以腾讯公司微信公众号为基础，在 MVC 架构模式的 Web 框架下，以 MySQL 为后台数据库，Java 进行前端开发，开发微平台的信息服务功能、报名和签到功能等，如图 6-1 所示。

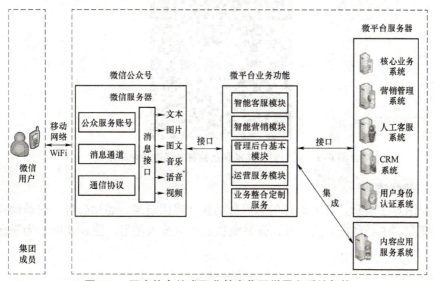

图 6-1　辽宁信息技术职业教育集团微平台系统架构

2. 设计思路

辽宁信息技术职业教育集团微平台的设计重点在于如何利用手机来完成基本信息的交互及职教集团部分业务职能移动化，旨在将信息技术服务于传统工作业务，创新业务推进的模式，增强用户使用的体验。

首先，将信息服务的提供及交互移动化。利用微信公众平台的自身功能可以便捷地实现信息的发布与推送，并可以让用户第一时间看到相应的信息，提高信息传递的时效性。

其次，针对职教集团在举办各项业务中常用的交互活动，分析其共性和特点，开发微平台的相关功能。如经常进行的回执和报到确认，利用微信公众平台的程序接口，开发出微信扫码报名功能和微信扫码签到功能，是完全可行且可以有效提高使用频度和使用体验的，让信息技术职教集团的成员用户首先体验到信息技术带来的便捷和舒适。

再次，通过多次应用的反馈和集团业务发展的走向，在未来将开发出开放服务的入口，将微平台的业务功能提供给集团用户，使其能够实时享受到信息技术职教集团带给各成员单位的信息化应用服务，逐步形成"互联网+"的思维模式，进一步实现校企共建、招生就业、服务经济的目的。

四、设计过程

1. 申请微信公众号

如图6-2所示，扫描申请微信公众号成功后的二维码，然后可以通过微信公众号第三方程序接口，设计其他的业务功能。

图6-2　辽宁信息技术职业教育集团微平台二维码

2. 开发流程

如图6-3所示，首先进行信息服务功能（集团新闻、通知公告、成员动态、集团概况、中心动态）的开发，开发测试后即可投入使用。图6-4所示为平台主页面。

成果六 辽宁信息技术职业教育集团微平台

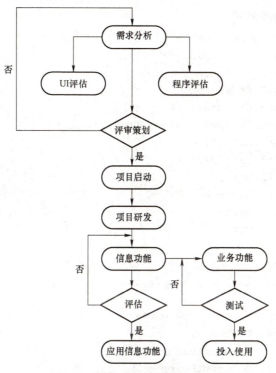

图 6–3 开发流程

图 6–4 集团公众号主页面

3. 成果主要源代码

```java
package org.jeecgframework.web.rest.controller;
import java.io.BufferedReader;
import java.io.IOException;
import java.io.PrintWriter;
import java.security.MessageDigest;
import java.security.NoSuchAlgorithmException;
import java.util.Arrays;
import java.util.Calendar;
import java.util.Date;
import java.util.HashMap;
import java.util.List;
import java.util.Map;

import javax.servlet.http.HttpServletRequest;
import javax.servlet.http.HttpServletResponse;

import org.apache.commons.lang.StringUtils;
import org.dom4j.Document;
import org.dom4j.DocumentException;
import org.dom4j.DocumentHelper;
import org.dom4j.Element;
import org.jeecgframework.core.util.LogUtil;
import org.jeecgframework.core.util.ResourceUtil;
import org.jeecgframework.core.util.oConvertUtils;
import org.jeecgframework.web.system.service.SystemService;
import org.jeewx.api.core.exception.WexinReqException;
import org.jeewx.api.mp.aes.AesException;
import org.jeewx.api.mp.aes.WXBizMsgCrypt;
import org.jeewx.api.third.JwThirdAPI;
import org.jeewx.api.third.model.ApiComponentToken;
import org.springframework.beans.factory.annotation.Autowired;
import org.springframework.stereotype.Controller;
import org.springframework.web.bind.annotation.RequestMapping;

import weixin.open.entity.base.WeixinOpenAccountEntity;

/**
*/
@Controller
@RequestMapping("/openwx")
public class OpenwxController {
```

```java
private final String APPID = "???";


/**
 * 微信全网测试账号
 */
private final static String COMPONENT_APPID = "???";
private final String COMPONENT_APPSECRET = "???";
private final static String COMPONENT_ENCODINGAESKEY = "?????";
private final static String COMPONENT_TOKEN = "?????";
@Autowired
private SystemService systemService;

    /**
 * 授权事件接收
 *
 * @param request
 * @param response
 * @throws IOException
 * @throws AesException
 * @throws DocumentException
 */
@RequestMapping(value = "/event/authorize")
public void acceptAuthorizeEvent(HttpServletRequest request, HttpServletResponse response) throws IOException, AesException, DocumentException {
//      LogUtil.info("微信第三方平台---------微信推送Ticket消息10min一次-----------"+ DataUtils.getDataString(DataUtils.yyyymmddhhmmss));
    processAuthorizeEvent(request);
    output(response, "success"); // 输出响应的内容
}


@RequestMapping(value = "/authorCallback")
public void authorCallback(HttpServletRequest request, HttpServletResponse response) throws IOException, AesException, DocumentException {
    String auth_code = request.getParameter("auth_code");
    String expires_in = request.getParameter("auth_code");

}
```

```java
/**
 * 一键授权功能
 * @param request
 * @param response
 * @throws IOException
 * @throws AesException
 * @throws DocumentException
 */
@RequestMapping(value = "/goAuthor")
public void goAuthor(HttpServletRequest request, 
HttpServletResponse response) throws IOException, AesException, 
DocumentException {
    ApiComponentToken apiComponentToken = new ApiComponentToken();
    apiComponentToken.setComponent_appid(COMPONENT_APPID);
    apiComponentToken.setComponent_appsecret(COMPONENT_APPSECRET);
    WeixinOpenAccountEntity entity = getWeixinOpenAccount(APPID);
    apiComponentToken.setComponent_verify_ticket(entity.getTicket());
    try {
        String component_access_token = JwThirdAPI.getAccessToken(apiComponentToken);
        //预授权码
        String preAuthCode = JwThirdAPI.getPreAuthCode(COMPONENT_APPID, component_access_token);
        String url = "https://mp.weixin.qq.com/cgi-bin/componentloginpage?component_appid="+COMPONENT_APPID+"&pre_auth_code="+preAuthCode+"&redirect_uri="+ResourceUtil.getConfigByName("domain")+"/rest/openwx/authorCallback";
        response.sendRedirect(url);
    } catch (WexinReqException e) {
        e.printStackTrace();
    }

}

@RequestMapping(value = "{appid}/callback")
public void acceptMessageAndEvent(HttpServletRequest request, 
HttpServletResponse response) throws IOException, AesException, 
DocumentException {
    String msgSignature = request.getParameter("msg_signature");
    //LogUtil.info("全网发布--------------{appid}/callback-----------验证开始....msg_signature="+msgSignature);
    if (!StringUtils.isNotBlank(msgSignature))
```

成果六 辽宁信息技术职业教育集团微平台

```
                return;// 微信推送给第三方开放平台的消息一定是加过密的，无消息加密无
法解密消息

        StringBuilder sb = new StringBuilder();
        BufferedReader in = request.getReader();
        String line;
        while ((line = in.readLine()) != null) {
            sb.append(line);
        }
        in.close();

        String xml = sb.toString();
        Document doc = DocumentHelper.parseText(xml);
        Element rootElt = doc.getRootElement();
        String toUserName = rootElt.elementText("ToUserName");

        //微信全网测试账号
//      if (StringUtils.equalsIgnoreCase(toUserName, APPID)) {
//          LogUtil.info("全网发布接入检测消息反馈开始--------------APPID="+ APPID
+"---------------------toUserName="+toUserName);
            checkWeixinAllNetworkCheck(request,response,xml);
//      }
    }

    /**
     * 处理授权事件的推送
     *
     * @param request
     * @throws IOException
     * @throws AesException
     * @throws DocumentException
     */
    public void processAuthorizeEvent(HttpServletRequest request)
throws IOException, DocumentException, AesException {
        String nonce = request.getParameter("nonce");
        String timestamp = request.getParameter("timestamp");
        String signature = request.getParameter("signature");
        String msgSignature = request.getParameter("msg_signature");

        if (!StringUtils.isNotBlank(msgSignature))
            return;// 微信推送给第三方开放平台的消息一定是加过密的，无消息加密无
法解密消息
```

```java
        boolean isValid = checkSignature(COMPONENT_TOKEN, signature, timestamp, nonce);
        if (isValid) {
            StringBuilder sb = new StringBuilder();
            BufferedReader in = request.getReader();
            String line;
            while ((line = in.readLine()) != null) {
                sb.append(line);
            }
            String xml = sb.toString();
//          LogUtil.info("第三方平台全网发布-----------------------原始Xml="+xml);
            String encodingAesKey = COMPONENT_ENCODINGAESKEY;// 第三方平台组件加密密钥
            String appId = getAuthorizerAppidFromXml(xml);// 此时加密的xml数据中ToUserName是非加密的，解析xml获取即可
            //LogUtil.info("第三方平台全网发布-------------appid-----------getAuthorizerAppidFromXml(xml)-----------appId="+appId);
            WXBizMsgCrypt pc = new WXBizMsgCrypt(COMPONENT_TOKEN, encodingAesKey, COMPONENT_APPID);
            xml = pc.decryptMsg(msgSignature, timestamp, nonce, xml);
//          LogUtil.info("第三方平台全网发布-----------------------解密后 Xml="+xml);
            processAuthorizationEvent(xml);
        }
    }

    /**
     * 保存Ticket
     * @param xml
     */
    void processAuthorizationEvent(String xml){
        Document doc;
        try {
            doc = DocumentHelper.parseText(xml);
            Element rootElt = doc.getRootElement();
            String ticket = rootElt.elementText("ComponentVerifyTicket");
            if(oConvertUtils.isNotEmpty(ticket)){
                LogUtil.info("8、推送component_verify_ticket协议-----------ticket = "+ticket);
```

```java
            WeixinOpenAccountEntity  entity = getWeixinOpenAccount(APPID);
            entity = entity==null?new WeixinOpenAccountEntity():entity;
            entity.setTicket(ticket);
            entity.setAppid(APPID);
            entity.setGetTicketTime(new Date());
            systemService.saveOrUpdate(entity);
        }
    } catch (DocumentException e) {
        e.printStackTrace();
    }
}

/**
 * 获取授权账号信息
 * @param appid
 * @return
 */
WeixinOpenAccountEntity getWeixinOpenAccount(String appid){
    WeixinOpenAccountEntity  entity = null;
    List<WeixinOpenAccountEntity> ls = systemService.findByProperty(WeixinOpenAccountEntity.class, "appid", appid);
    if(ls!=null && ls.size()!=0){
        entity = ls.get(0);
    }
    return entity;
}

/**
 * 获取授权的Appid
 * @param xml
 * @return
 */
String getAuthorizerAppidFromXml(String xml) {
    Document doc;
    try {
        doc = DocumentHelper.parseText(xml);
        Element rootElt = doc.getRootElement();
        String toUserName = rootElt.elementText("ToUserName");
        return toUserName;
    } catch (DocumentException e) {
        // TODO Auto-generated catch block
```

```
            e.printStackTrace();
        }
        return null;
    }

    public void checkWeixinAllNetworkCheck(HttpServletRequest request,
HttpServletResponse response,String xml) throws DocumentException,
IOException, AesException{
        String nonce = request.getParameter("nonce");
        String timestamp = request.getParameter("timestamp");
        String msgSignature = request.getParameter("msg_signature");

        WXBizMsgCrypt pc = new WXBizMsgCrypt(COMPONENT_TOKEN,
COMPONENT_ENCODINGAESKEY, COMPONENT_APPID);
        xml = pc.decryptMsg(msgSignature, timestamp, nonce, xml);

        Document doc = DocumentHelper.parseText(xml);
        Element rootElt = doc.getRootElement();
        String msgType = rootElt.elementText("MsgType");
        String toUserName = rootElt.elementText("ToUserName");
        String fromUserName = rootElt.elementText("FromUserName");

//        LogUtil.info("---全网发布接入检测--step.1-----------msgType=
"+msgType+"-----------------toUserName="+toUserName+"----------------
--fromUserName="+fromUserName);
//        LogUtil.info("---全网发布接入检测--step.2-----------xml="+xml);
        if("event".equals(msgType)){
//            LogUtil.info("---全网发布接入检测--step.3-----------事件消息
--------");
            String event = rootElt.elementText("Event");
            replyEventMessage(request,response,event,toUserName,
fromUserName);
        }else if("text".equals(msgType)){
//            LogUtil.info("---全网发布接入检测--step.3-----------文本消息
--------");
            String content = rootElt.elementText("Content");
            processTextMessage(request,response,content,toUserName,
fromUserName);
        }
    }
```

辽宁信息技术职业教育集团微平台

```java
public void replyEventMessage(HttpServletRequest request, HttpServletResponse response, String event, String toUserName, String fromUserName) throws DocumentException, IOException {
    String content = event + "from_callback";
//        LogUtil.info("---全网发布接入检测------step.4--------事件回复消息 content="+content + "   toUserName="+toUserName+" fromUserName="+fromUserName);

    replyTextMessage(request,response,content,toUserName,fromUserName);
    }

    public void processTextMessage(HttpServletRequest request, HttpServletResponse response,String content,String toUserName, String fromUserName) throws IOException, DocumentException{
        if("TESTCOMPONENT_MSG_TYPE_TEXT".equals(content)){
            String returnContent = content+"_callback";
            replyTextMessage(request,response,returnContent,toUserName,fromUserName);
        }else if(StringUtils.startsWithIgnoreCase(content,"QUERY_AUTH_CODE")){
            output(response, "");
            //接下来客服API再回复一次消息
            replyApiTextMessage(request,response,content.split(":")[1],fromUserName);
        }
    }


    public void replyApiTextMessage(HttpServletRequest request, HttpServletResponse response, String auth_code, String fromUserName) throws DocumentException, IOException {
        String authorization_code = auth_code;
        // 得到微信授权成功的消息后,应该立刻进行处理!!相关信息只会在首次授权的时候推送过来
        System.out.println("------step.1----使用客服消息接口回复粉丝----逻辑开始----------------------");
        try {
            ApiComponentToken apiComponentToken = new ApiComponentToken();
            apiComponentToken.setComponent_appid(COMPONENT_APPID);
            apiComponentToken.setComponent_appsecret(COMPONENT_APPSECRET);
            WeixinOpenAccountEntity entity = getWeixinOpenAccount(APPID);
```

```
            apiComponentToken.setComponent_verify_ticket(entity.getTicket());
            String component_access_token = JwThirdAPI.getAccessToken(apiComponentToken);

            System.out.println("------step.2----使用客服消息接口回复粉丝------- component_access_token = "+component_access_token + "---------authorization_code = "+authorization_code);
            net.sf.json.JSONObject authorizationInfoJson = JwThirdAPI.getApiQueryAuthInfo(COMPONENT_APPID, authorization_code, component_access_token);
            System.out.println("------step.3----使用客服消息接口回复粉丝-------------- 获取authorizationInfoJson = "+authorizationInfoJson);
            net.sf.json.JSONObject infoJson = authorizationInfoJson.getJSONObject("authorization_info");
            String authorizer_access_token = infoJson.getString("authorizer_access_token");


            Map<String,Object> obj = new HashMap<String,Object>();
            Map<String,Object> msgMap = new HashMap<String,Object>();
            String msg = auth_code + "_from_api";
            msgMap.put("content", msg);

            obj.put("touser", fromUserName);
            obj.put("msgtype", "text");
            obj.put("text", msgMap);
            JwThirdAPI.sendMessage(obj, authorizer_access_token);
        } catch (WexinReqException e) {
            e.printStackTrace();
        }

    }

    /**
     * 验证是否过期
     * @param accessTokenExpires
     * @return
     */
    boolean isExpired(long accessTokenExpires){
        return false;
    }
```

成果六 辽宁信息技术职业教育集团微平台

```java
/**
 * 回复微信服务器"文本消息"
 * @param request
 * @param response
 * @param content
 * @param toUserName
 * @param fromUserName
 * @throws DocumentException
 * @throws IOException
 */
public void replyTextMessage(HttpServletRequest request, HttpServletResponse response, String content, String toUserName, String fromUserName) throws DocumentException, IOException {
    Long createTime = Calendar.getInstance().getTimeInMillis() / 1000;
    StringBuffer sb = new StringBuffer();
    sb.append("<xml>");
    sb.append("<ToUserName><![CDATA["+fromUserName+"]]></ToUserName>");
    sb.append("<FromUserName><![CDATA["+toUserName+"]]></FromUserName>");
    sb.append("<CreateTime>"+createTime+"</CreateTime>");
    sb.append("<MsgType><![CDATA[text]]></MsgType>");
    sb.append("<Content><![CDATA["+content+"]]></Content>");
    sb.append("</xml>");
    String replyMsg = sb.toString();

    String returnvaleue = "";
    try {
        WXBizMsgCrypt pc = new WXBizMsgCrypt(COMPONENT_TOKEN, COMPONENT_ENCODINGAESKEY, COMPONENT_APPID);
        returnvaleue = pc.encryptMsg(replyMsg, createTime.toString(), "easemob");
//        System.out.println("-------------------加密后返回的内容returnvaleue: "+returnvaleue);
    } catch (AesException e) {
        e.printStackTrace();
    }
    output(response, returnvaleue);
}

public static void main(String[] args) {
```

```java
            Long createTime = Calendar.getInstance().getTimeInMillis() / 1000;
            String replyMsg = "LOCATIONfrom_callback";

            String returnvaleue = "";
            try {
                WXBizMsgCrypt pc = new WXBizMsgCrypt(COMPONENT_TOKEN, COMPONENT_ENCODINGAESKEY, COMPONENT_APPID);
                returnvaleue = pc.encryptMsg(replyMsg, createTime.toString(), "easemob");
                System.out.println(returnvaleue);
            } catch (AesException e) {
                e.printStackTrace();
            }
    }
    /**
     * 工具类: 回复微信服务器"文本消息"
     * @param response
     * @param returnvaleue
     */
    public void output(HttpServletResponse response,String returnvaleue){
        try {
            PrintWriter pw = response.getWriter();
            pw.write(returnvaleue);
//          System.out.println("****************returnvaleue***************="+returnvaleue);
            pw.flush();
        } catch (IOException e) {
            e.printStackTrace();
        }
    }

    /**
     * 判断是否加密
     * @param token
     * @param signature
     * @param timestamp
     * @param nonce
     * @return
     */
    public static boolean checkSignature(String token,String signature,String timestamp,String nonce){
```

```java
            System.out.println("###token:"+token+";signature:"+signature+";timestamp:"+timestamp+"nonce:"+nonce);
            boolean flag = false;
            if(signature!=null && !signature.equals("") && timestamp!=null && !timestamp.equals("") && nonce!=null && !nonce.equals("")){
                String sha1 = "";
                String[] ss = new String[] { token, timestamp, nonce };
                Arrays.sort(ss);
                for (String s : ss) {
                 sha1 += s;
                }
                
                sha1 = AddSHA1.SHA1(sha1);
                
                if (sha1.equals(signature)){
                 flag = true;
                }
            }
            return flag;
    }
}

class AddSHA1 {
   public static String SHA1(String inStr) {
      MessageDigest md = null;
      String outStr = null;
      try {
          md = MessageDigest.getInstance("SHA-1");       //选择SHA-1,也可以选择MD5
          byte[] digest = md.digest(inStr.getBytes());         //返回的是byte[]，要转化为String存储比较方便
          outStr = bytetoString(digest);
      }
      catch (NoSuchAlgorithmException nsae) {
          nsae.printStackTrace();
      }
      return outStr;
   }
   
   public static String bytetoString(byte[] digest) {
      String str = "";
      String tempStr = "";
```

```
    for (int i = 0; i < digest.length; i++) {
        tempStr = (Integer.toHexString(digest[i] & 0xff));
        if (tempStr.length() == 1) {
            str = str + "0" + tempStr;
        }
        else {
            str = str + tempStr;
        }
    }
    return str.toLowerCase();
}
```

> 成果七　多用温湿度控制系统

完 成 单 位：辽阳职业技术学院
主要完成人：张　淼

一、项目背景

温湿度检测与控制电路的传统设计是采用由模拟温度传感器、多路模拟开关及 A/D 转换器等组成的系统。若想将现场传感器的测量信号传送到监测端，温湿度的采集需要布置大量的测温电缆，不但安装与拆卸麻烦，而且成本也高。并且线路上传送的还是模拟信号，很容易受到干扰和损耗，致使测量误差一般比较大，不利于用户根据温度变化及时做出决定。因此，开发一种实时性高、精度高，能够综合处理多点温湿度信息的监测系统就很有必要。

1. 较大的经济效益

（1）可以实现对温湿度的实时检测和控制。

（2）在空间较大的地方，大大地节省了人力，降低了人员的劳动强度。

（3）该成果适用范围广，易于推广。

2. 良好的社会效益

（1）单片机课程中引入此课题设计，让学生系统学习单片机的设计过程。

（2）学生把设计带回家里，应用于自己家蔬菜大棚的温湿度控制，给生产劳动带来了变革，温度、湿度检测和控制更精确，同时解放了人力。

本系统可应用于蔬菜大棚、货品仓库、生产车间、昆虫养殖、游泳馆等场所。

本系统于 2015 年 12 月用于铁岭农村农户家里蔬菜大棚的温湿度检测和控制，系统的各项功能及技术指标均达到设计要求。

二、主要功能与技术指标

本系统可以对封闭空间进行实时的温湿度数据采集，而且可以对多点进行测量，然后通过单片机对测量的数据进行基本处理和显示，实现温湿度多节点测量。当测量的数据超过设定限定值时及时给予报警提示；本系统具有较高的灵敏度、可靠性、抗干扰能力；系统具有远程通信功能、存储功能，采用 RS-485 串行通信方式，与上位机进行实时通信，最远传输距离达到 1 000 m 以上。

检测范围与精度（系统主要技术指标）如下。

额定电压：220 V（50 Hz）。

额定电流：5（40）A。
温度测量范围：-20～100 ℃。
温度测量精度：±0.4 ℃。
湿度测量范围：0～100%RH。
湿度测量精度：±3.0%RH。

三、系统总体设计

本系统硬件主要由 MCU 核心模块、RS-485 总线接口和 LCD 液晶显示屏等组成，如图 7-1 所示。

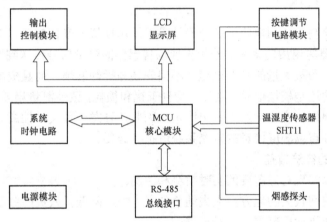

图 7-1　温湿度控制系统构成框图

基于系统使用方便、可靠性高及便于推广等因素，本系统采用了数字传感器 SHT11、STC15F2K60S2 单片机和上位机管理系统等。通过它们可以进行温室内多点数据采集、系统通信和监控。

1. 系统硬件电路设计

图 7-2 为系统电路示意图。

（1）单片机的选择。单片机就是在一块半导体硅片上集成了微处理器、存储器和各种输入输出接口，这样一块集成电路芯片具有一台计算机的属性，因而被称为单片微型计算机，简称单片机。因为单片机具有体积小、功耗低、性价比高、抗干扰能力强且可靠性高等优点，现在被广泛应用于智能仪表仪器、工业自动化、电力电子、家用电器、自动检测、机电一体化设备等方面。STC15F2K60S2 单片机是国内最大的单片机生产商宏晶科技出品的一种低功耗、高性能的 8 位单片机，片内有 4 KB 程序存储器，可以反复擦写 1 000 次，兼容标准 8051 指令系统及引脚，它的 Flash 程序存储器既可在线编程，也可以用传统方法进行编程，可灵活应用于各种控制领域。

（2）液晶模块 LCD1602。本系统选择的字符型显示器是一种用 5×7 点阵图形显示字符的显示器，根据可以显示的字数多少可分为 2 行 20 字、2 行 16 字、1

成果七 多用温湿度控制系统

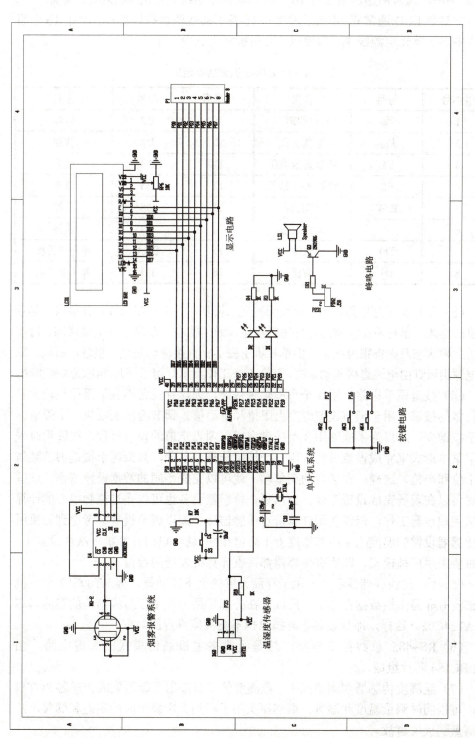

图 7-2 系统电路

行 16 字等，通常所用的是 2 行 16 字，也就是本系统采用的 LCD1602 模块。

字符型 LCD 通常有 14 条引脚线和 16 条引脚线两种接口形式。其中 16 条引脚线多出了背光电源线 V_{CC} 和地线，各引脚定义见表 7–1。

表 7–1　LCD1602 引脚功能定义

引脚号	符号	含义	引脚号	符号	含义
1	V_{SS}	电源地	9	D2	数据
2	V_{DD}	电源正极	10	D3	数据
3	VL	液晶显示偏压	11	D4	数据
4	RS	数据/命令选择	12	D5	数据
5	R/W	读/写选择	13	D6	数据
6	E	使能信号	14	D7	数据
7	D0	数据	15	BLA	背光源正极
8	D1	数据	16	BLK	背光源负极

（3）工作指示灯电路。用 7 个红绿发光二极管作为工作指示灯，分别用于显示本机的电源、单片机工作状态、传感器状态、通信状态、温度超过上限状态、湿度超过上限状态及火灾报警状态。因单片机引脚不宜直接驱动发光二极管，所以，除了电源指示灯由电源直接驱动点亮，其余 6 个工作指示灯用了一片 74HC04 来驱动。

（4）按键调节电路。用 3 个小型轻触按键，因这种设备不宜使用体积较大且数目多的按键。用于调节设置温度上限值和下限值，调节湿度上限值和下限值。由于按键少，所以为了能够用 3 个按键完成多项设定值的设置过程，在编程时采用了菜单形式来完成设置过程，用一个按键选择菜单项，其余两个按键调节数值的十位和个位，这样，在各自的菜单项下就可以完成不同的数据设置工作。这些按键可以在现场完成设置工作。当然每个传感器设备也可以通过控制中心的计算机来完成设置工作，但需要用计算机对传感器逐个加以调节设置。考虑到如果所有传感器设置的温度上下限和湿度上下限值相同，就可以用计算机一次性设置了，这时要采用广播模式，即所有传感器都接收计算机发送的数据。

（5）I^2C 总线存储器芯片。用于存储设置的上下限数据，因 AT89S52 单片机内部没有非易失性数据存储器，所以，在外部扩展一片 I^2C 总线结构的存储器芯片 AT24C02。这样，即使设备临时掉电也不会丢掉设置的数据。

（6）RS–485 总线接口电路。这是组成多主机通信模式的关键电路，由 75LBC184 芯片组成。

（7）温湿度传感器和烟感探头。温湿度传感器采用了新型集成传感器 SHT11 型，可以同时测量温度和湿度，烟感探头用于检测火灾发生时的高温和烟雾，从而测量到火灾事故。

（8）电源电路。为整机提供 5 V 工作电源，为了保证仓库的安全，各终端设备的电源统一用直流 24 V 供电，24 V 电源由控制中心输出到各仓库。

（9）温湿度传感器 SHT11 特性与接口电路。SHT11 产品是一款高度集成的温湿度传感器芯片，提供全标定的数字输出。它采用专利的 CMOSens® 技术，确保产品具有极高的可靠性与卓越的长期稳定性。传感器包括一个电容性聚合体测湿敏感元件、一个用能隙材料制成的测温元件，并在同一芯片上，与 14 位的 A/D 转换器以及串行接口电路实现无缝连接。因此，该产品具有品质卓越、超快响应、抗干扰能力强、极高的性价比等优点。

SHT11 传感器采用二线制串行接口方式，与 MCU 的接口只需两条 I/O 线。典型的应用电路如图 7–3 所示。

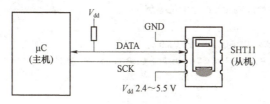

图 7–3　串行接口方式

2. 系统软件设计

（1）系统主程序流程框图如图 7–4 所示。

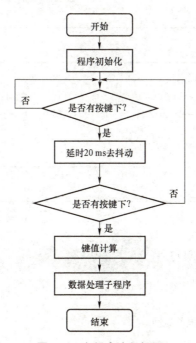

图 7–4　主程序流程框图

程序代码设计如下：

```c
//--------------------------------------------------------
//    名称：4×4 键盘矩阵按键程序
//--------------------------------------------------------
//    说明：按下任意一按键时,数码管会显示它在键盘矩阵上的序号 0~F,
//          扫描程序首先判断按键发生在哪一列,然后根据所发生的行附加
//          不同的值,从而得到键盘按键序号
//
//--------------------------------------------------------
#include <reg51.h>
#define INT8U   unsigned char
#define INT16U unsigned int
//0~F 的共阳数码管段码,最后一个是黑屏
const INT8U SEG_CODE[] =
{ 0xC0,0xF9,0xA4,0xB0,0x99,0x92,0x82,0xF8,
  0x80,0x90,0x88,0x83,0xC6,0xA1,0x86,0x8E,0xFF
};

sbit BEEP = P3^0;
//上次按键和当前按键序号,该矩阵中序号范围为 0~15,0xFF 表示无按键
INT8U pre_keyNo=0xFF,keyNo=0xFF;


//--------------------------------------------------------
// 延时函数
//--------------------------------------------------------
void delay_ms(INT16U x)
{
    INT8U t; while(x--) for(t = 0; t < 120; t++);
}


//--------------------------------------------------------
// 键盘矩阵扫描子程序
//--------------------------------------------------------
void Keys_Scan()
{
    P1=0X0F;delay_ms(1);
    if(P1==0X0F)
{
    keyNo=0XFF;
    return;//无按键时提前返回

}
```

```
switch(P1)
{
    case 0x0E:keyNo=0;break;         //按键在第 0 列
    case 0x0D:keyNo=1;break;         //按键在第 1 列
    case 0x0B:keyNo=2;break;         //按键在第 2 列
    case 0x07:keyNo=3;break;         //按键在第 3 列
    default:keyNo=0XFF;return;       //无按键按下
}
//低四位置 0，放入四列，扫描四行

P1=0XF0;delay_ms(1);

switch(P1)
{
    case 0xE0:keyNo+=0;break;        //按键在第 0 行
    case 0xD0:keyNo+=1;break;        //按键在第 1 行
    case 0xB0:keyNo+=2;break;        //按键在第 2 行
    case 0x70:keyNo+=3;break;        //按键在第 3 行
    default:keyNo+=0XFF;             //无按键按下
}

}

//————————————————————————————————————
// 键盘矩阵显示子程序
//————————————————————————————————————
void key()
{   P0=0XFF;
    While(1)
    {
        Keys_Scan();        //   扫描键盘获取键值
        if(keyNo==0XFF){
            delay_ms(10);continue;}
        P0=SEG_CODE[keyNo];
        while(Keys_Scan(),keyNo!==0XFF);
```

（2）LCD1602 液晶屏显示子程序。本模块的功能是将被测试房间内的温湿度在液晶屏上显示出来，并伴有当时的具体年、月、日及温湿度的上下限值，程序流程框图如图 7-5 所示。

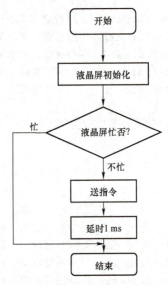

图7-5 液晶屏显示子程序流程框图

编写程序如下：

```
//液晶屏型号：JLX12864G-086-PC-3S
//接口：串行
//中文字库：带中文字库IC:JLX-GB2312,竖置横排
//驱动IC:UC1701X(与ST7565R兼容)
//单片机：STC15F2K60S2
//液晶屏驱动程序

unsigned char code hzs[][128];   //先定义汉字模数组
/*写指令到LCD模块*/
void transfer_command_lcd(char data1)
{
    char i;
    lcd_cs1=0;
    lcd_rs=0;
    for(i=0;i<8;i++)
    {
        lcd_sclk=0;
        if(data1&0x80) lcd_sid=1;
        else lcd_sid=0;
        lcd_sclk=1;
        data1=data1<<=1;
    }
```

```c
    lcd_cs1=1;
}

/*写数据到LCD模块*/
void transfer_data_lcd(char data1)
{
    char i;
    lcd_cs1=0;
    lcd_rs=1;
    for(i=0;i<8;i++)
    {
        lcd_sclk=0;
        if(data1&0x80) lcd_sid=1;
        else lcd_sid=0;
        lcd_sclk=1;
        data1=data1<<=1;
    }
    lcd_cs1=1;
}

/*延时*/
void delay(long int i)
{
 int j,k;
 for(j=i;j>0;j--)
    for(k=110;k>0;k--);
}

//延时
void delay_us(int n_ms)
{
    int j,k;
    for(j=0;j<n_ms;j++)
    for(k=0;k<1;k++);
}

//LCD模块初始化
void initial_lcd()
{
    lcd_cs1=0;
    Rom_CS = 1;
    lcd_reset=0;           /*低电平复位*/
    delay(200);
```

```c
    lcd_reset=1;                    /*复位完毕*/
    delay(20);
    transfer_command_lcd(0xe2);     /*软复位*/
    delay(5);
    transfer_command_lcd(0x2c);     /*升压步骤1*/
    delay(5);
    transfer_command_lcd(0x2e);     /*升压步骤2*/
    delay(5);
    transfer_command_lcd(0x2f);     /*升压步骤3*/
    delay(5);
    transfer_command_lcd(0x23);     /*粗调对比度,可设置范围0x20~0x27*/
    transfer_command_lcd(0x81);     /*微调对比度*/
    transfer_command_lcd(0x28);     /*0x28,微调对比度的值,可设置范围 0x00~0x3f*/
    transfer_command_lcd(0xa2);     /*1/9 偏压比（bias）*/
    transfer_command_lcd(0xc8);     /*行扫描顺序：从上到下*/
    transfer_command_lcd(0xa0);     /*列扫描顺序：从左到右*/
    transfer_command_lcd(0x40);     /*起始行：第一行开始*/
    transfer_command_lcd(0xaf);     /*开显示*/
    lcd_cs1=1;
}

//设置LCD点阵的地址："page":页
//这里的"page"（页）是每 8 行点为一页,全屏共 64 行,被分成 8 页,显示汉字时为 4 行,128×64,
//其中的 64 是行,column 为列,0~127 列,是 128×64 中的 128 列
void lcd_address(uint page,uint column)
{
    column=column-0x01;
    transfer_command_lcd(0xb0+page-1);    //设置页地址,每 8 行为一页,全屏共 64 行,被分成 8 页
    transfer_command_lcd(0x10+(column>>4&0x0f));   //设置列地址的高 4 位
    transfer_command_lcd(column&0x0f);    //设置列地址的低 4 位
}

//全屏清屏
void clear_screen()
{
    unsigned char i,j;
    for(i=0;i<9;i++)
    {
        transfer_command_lcd(0xb0+i);
        transfer_command_lcd(0x10);
```

```
        transfer_command_lcd(0x00);
        for(j=0;j<132;j++)
        {
            transfer_data_lcd(0x00);
        }
    }
    lcd_cs1=1;
}

//***送指令到晶联讯字库IC**
void send_command_to_ROM( uchar datu )
{
    uchar i;
    for(i=0;i<8;i++ )
    {
        Rom_SCK=0;
        delay_us(2);
        if(datu&0x80)Rom_IN = 1;
        else Rom_IN = 0;
        datu = datu<<1;
        Rom_SCK=1;
        delay_us(2);
    }
}

//***从晶联讯字库IC中取汉字或字符数据（1个字节）**
static uchar get_data_from_ROM( )
{
    uchar i;
    uchar ret_data=0;
    for(i=0;i<8;i++)
    {
        Rom_OUT=1;
        Rom_SCK=0;
        //delay_us(1);
        ret_data=ret_data<<1;
        if( Rom_OUT )
            ret_data=ret_data+1;
        else
            ret_data=ret_data+0;
        Rom_SCK=1;
        //delay_us(1);
```

```
    }
    return(ret_data);
}

//从指定地址读出数据写到液晶屏指定（page,column)坐标中
void get_and_write_16x16(ulong fontaddr,uchar reverse,uchar page,uchar column)
{
    uchar i,j,disp_data;
    Rom_CS = 0;
    send_command_to_ROM(0x03);
    send_command_to_ROM((fontaddr&0xff0000)>>16);//地址的高8位,共24位
    send_command_to_ROM((fontaddr&0xff00)>>8);    //地址的中8位,共24位
    send_command_to_ROM(fontaddr&0xff);           //地址的低8位,共24位
    for(j=0;j<2;j++)
    {
        lcd_address(page+j,column);
        for(i=0; i<16; i++ )
        {
            if(reverse==1)
            {
                disp_data=~get_data_from_ROM();
            }
            else
            {
                disp_data=get_data_from_ROM();
            }
            transfer_data_lcd(disp_data);    //写数据到LCD,每写完1字节的
数据后列地址自动加1
        }
    }
    Rom_CS=1;
}

//从指定地址读出数据写到液晶屏指定（page,column)坐标中
void get_and_write_8x16(ulong fontaddr,uchar reverse,uchar page,uchar column)
{
    uchar i,j,disp_data;
    Rom_CS = 0;
    send_command_to_ROM(0x03);
    send_command_to_ROM((fontaddr&0xff0000)>>16);//地址的高8位,共24位
    send_command_to_ROM((fontaddr&0xff00)>>8);    //地址的中8位,共24位
```

```c
        send_command_to_ROM(fontaddr&0xff);           //地址的低8位,共24位
        for(j=0;j<2;j++)
        {
            lcd_address(page+j,column);
            for(i=0; i<8; i++ )
            {
                if(reverse==1)
                {
                    disp_data=~get_data_from_ROM();
                }
                else
                {
                    disp_data=get_data_from_ROM();
                }
                transfer_data_lcd(disp_data);     //写数据到LCD,每写完1字节的
数据后列地址自动加1
            }
        }
        Rom_CS=1;
}

//显示16×16点阵的汉字/全角符号/全角标点,或8×16点阵的数字/英文/半角标点/ASCII
//码符号,当"reverse=1"时选择反显,当"reverse=0"时选择正显
ulong   fontaddr=0;
void display_string(uchar page,uchar column,uchar reverse,uchar *text)
{
    uchar i= 0;
    page=page*2-1;
    column=(column-1)*8+1;
    while((text[i]>0x00)&&i<16)
    {
        if(((text[i]>=0xb0)  &&(text[i]<=0xf7))&&(text[i+1]>=0xa1))//
汉字内码
        {
            //国标简体(GB2312)汉字在晶联讯字库IC中的地址由以下公式来计算:
            //Address = ((MSB - 0xB0) * 94 + (LSB - 0xA1)+ 846)*32+ BaseAdd;
BaseAdd=0
            fontaddr = (text[i]- 0xb0)*94;
            fontaddr += (text[i+1]-0xa1)+846;
            fontaddr = (ulong)(fontaddr*32);

            //从指定地址读出数据写到液晶屏指定(page,column)坐标中
            get_and_write_16x16(fontaddr,reverse,page,column);
```

```
                    i+=2;
                    column+=16;
            }
            else if(((text[i]>=0xa1) &&(text[i]<=0xa3))&&(text[i+1]>=0xa1))
            {
                    //国标简体（GB2312）15×16 点的字符在晶联讯字库 IC 中的地址由以下公
式来计算：
                    //Address = ((MSB - 0xa1) * 94 + (LSB - 0xA1))*32+ BaseAdd;
BaseAdd=0
                    fontaddr = (text[i]- 0xa1)*94;
                    fontaddr += (text[i+1]-0xa1);
                    fontaddr = (ulong)(fontaddr*32);

                    //从指定地址读出数据写到液晶屏指定（page,column）坐标中
                    get_and_write_16x16(fontaddr,reverse,page,column);

                    i+=2;
                    column+=16;
            }
            else if((text[i]>=0x20) &&(text[i]<=0x7e))                //为
ASCII 码字符
            {
                    fontaddr = (text[i]- 0x20);
                    fontaddr = (unsigned long)(fontaddr*16);
                    fontaddr = (unsigned long)(fontaddr+0x3cf80);

                    //从指定地址读出数据写到液晶屏指定（page,column）坐标中
                    get_and_write_8x16(fontaddr,reverse,page,column);

                    i+=1;
                    column+=8;
            }
            else
            i++;
    }
}

//8×16 点阵的数字，所带参数为数值变量 0～9
void display_number(uchar page,uchar column,uchar reverse,uchar number)
{
    page=page*2-1;
    column=(column-1)*8+1;
```

```c
    fontaddr = ((number+0x30) - 0x20);
    fontaddr = (unsigned long)(fontaddr*16);
    fontaddr = (unsigned long)(fontaddr+0x3cf80);

    //从指定地址读出数据写到液晶屏指定（page,column）坐标中
    get_and_write_8x16(fontaddr,reverse,page,column);

    column+=8;
}

//显示32×32汉字

void display_hzs(uchar page,uchar column,uchar k)
{
    uchar i,j;
    page=page*2-1;
    column=(column-1)*8+1;
    //k=number;
    for(i=0;i<4;i++)
    {
        lcd_address(page+i,column);
        for(j=0;j<32;j++)
        {
            transfer_data_lcd(hzs[k][32*i+j]);
        }
    }
}

//汉字按列行式取模,用取模式软件PCtoLCD2002.exe
//显示32×32大汉字,显示两行,每行显示4个汉字,宋体字

unsigned char code hzs[][128]={
//=============================================================
===========
//以下粘到32×32点阵的汉字点阵字模数据,每个汉字有8行数据,共128B
//——————————————————————————————————————————————————————————————
——
0x00,0x00,0x00,0x40,0x40,0x40,0x40,0x40,0x40,0x40,0x40,0x5C,0xFC,0x4
8,0x40,0x40,
0x40,0x40,0x40,0xFC,0x48,0x40,0x40,0x40,0x40,0x20,0x30,0x30,0x20,0x0
0,0x00,0x00,
0x00,0x00,0x00,0x08,0x08,0x08,0x08,0x08,0xC8,0xE8,0x38,0x1C,0x08,0x0
0,0x08,0x08,
```

0x88,0xC8,0x69,0x3A,0x2E,0x0C,0x08,0x48,0x88,0x88,0x0C,0x0C,0x08,0x00,0x00,0x00,
0x00,0x00,0x00,0x00,0xFE,0xFE,0x00,0x00,0xFF,0x08,0x08,0x0C,0x0C,0x08,0x02,0xFF,
0xF2,0x12,0x02,0xFA,0xF2,0x12,0x02,0x02,0xFA,0x11,0x03,0x07,0x00,0x00,0x00,0x00,
0x00,0x00,0x18,0x38,0x1F,0x0F,0x08,0x0C,0x07,0x44,0x42,0x42,0x22,0x12,0x1E,0x07,
0x00,0x00,0x00,0x7F,0x3F,0x00,0x00,0x00,0x3F,0x30,0x20,0x20,0x30,0x3F,0x10,0x00,
0x00,0x00,0x40,0x40,0x40,0x40,0x40,0x40,0x40,0x40,0x40,0xFC,0xF8,0x40,0x40,0x40,
0x40,0x40,0x3C,0xFC,0x48,0x40,0x40,0x40,0x40,0x40,0x40,0x20,0x20,0x00,0x00,0x00,
0x00,0x00,0x00,0x00,0x00,0x10,0x10,0xD0,0x90,0x88,0x08,0x0B,0x09,0x08,0x28,0x68,
0xCC,0xC4,0x04,0x05,0x04,0x06,0x86,0xF6,0x67,0x26,0x00,0x00,0x00,0x00,0x00,0x00,
0x00,0x00,0x10,0x10,0x10,0x10,0x10,0x10,0x13,0x13,0x10,0x90,0xD0,0x70,0x30,0xFE,
0xFD,0x14,0x30,0xD0,0x94,0x13,0x11,0x10,0x10,0x10,0x10,0x18,0x18,0x10,0x00,0x00,
0x00,0x00,0x40,0x20,0x20,0x10,0x18,0x08,0x04,0x06,0x03,0x01,0x00,0x00,0x00,0x7F,
0x7F,0x00,0x00,0x00,0x01,0x03,0x06,0x0C,0x0C,0x18,0x18,0x38,0x10,0x10,0x00,0x00,
0x00,0x00,0x00,0x00,0x00,0x00,0x00,0x00,0x00,0x00,0x00,0x00,0x00,0x00,0x00,0xFC,
0x08,0x00,0x00,0x00,0x00,0x00,0x00,0x00,0x00,0x00,0x00,0x00,0x00,0x00,0x00,0x00,
0x00,0x00,0x00,0x08,0x08,0x08,0x08,0x08,0x08,0x08,0x08,0x08,0x08,0x08,0xE8,0xFF,
0x68,0x88,0x08,0x08,0x08,0x08,0x08,0x08,0x08,0x08,0x08,0x04,0x06,0x04,0x00,0x00,
0x00,0x00,0x00,0x00,0x00,0x00,0x00,0x00,0x00,0x00,0x00,0x80,0xE0,0x7C,0x1F,0x03,
0x00,0x03,0x0C,0x38,0x60,0xC0,0x00,0x00,0x00,0x00,0x00,0x00,0x00,0x00,0x00,0x00,
0x00,0x00,0x40,0x40,0x20,0x20,0x10,0x18,0x0C,0x04,0x07,0x03,0x00,0x00,0x00,0x00,
0x00,0x00,0x00,0x00,0x00,0x01,0x03,0x06,0x0E,0x1C,0x38,0x38,0x10,0x10,0x00,0x00,
0x00,0x00,0x00,0x00,0x00,0x00,0xFC,0xFC,0x00,0x00,0x00,0x00,0xF0,0xE0,0x20,0x20,

0x20,0x20,0xF0,0x20,0x00,0x00,0xF0,0x20,0x20,0x20,0x20,0x20,0xF0,0x20,0x00,0x00,
0x00,0x00,0x04,0x04,0x04,0xE4,0xFF,0xFF,0x64,0xC2,0x82,0x04,0x07,0xFF,0x10,0x10,
0x10,0x10,0xFF,0x00,0x00,0x00,0xFF,0x10,0x10,0x10,0x10,0x10,0xFF,0x00,0x00,0x00,
0x00,0x80,0x60,0x18,0x0F,0x03,0xFF,0xFF,0x00,0x00,0x03,0x00,0xF8,0x7F,0x04,0x04,
0x04,0x04,0xFF,0x00,0x00,0x00,0xFF,0x04,0x04,0x04,0x04,0x04,0xFF,0x00,0x00,0x00,
0x00,0x00,0x00,0x00,0x00,0x00,0x7F,0x7F,0x00,0x20,0x18,0x06,0x03,0x00,0x00,0x10,
0x10,0x30,0x3F,0x40,0x30,0x0F,0x03,0x00,0x10,0x10,0x30,0x78,0x3F,0x00,0x00,0x00,

0x00,0x00,0x00,0x00,0x00,0x00,0x00,0xC0,0xF0,0x3C,0x08,0x00,0x00,0x00,0x00,0xFC,
0xF8,0x00,0x00,0x00,0x00,0x00,0xFC,0xF8,0x08,0x00,0x00,0x00,0x00,0x00,0x00,0x00,
0x00,0x00,0x00,0xC0,0x60,0x18,0xFE,0xFB,0x08,0x00,0x00,0x04,0x04,0x04,0x04,0xFF,
0xFF,0x04,0x04,0x04,0x04,0x04,0xFF,0xFF,0x04,0x04,0x02,0x03,0x02,0x00,0x00,0x00,
0x00,0x02,0x01,0x00,0x00,0x00,0xFF,0xFF,0x00,0x08,0x08,0x08,0x08,0x08,0x08,0xCF,
0xCF,0x88,0x08,0x08,0x08,0x08,0x8F,0x0F,0x08,0x08,0x08,0x08,0x0C,0x08,0x00,0x00,
0x00,0x00,0x00,0x00,0x00,0x00,0x7F,0x7F,0x00,0x40,0x20,0x30,0x18,0x0C,0x07,0x03,
0x01,0x00,0x00,0x00,0x00,0x00,0x00,0x01,0x03,0x06,0x0C,0x3C,0x38,0x00,0x00,0x00,
0x00,0x00,0x20,0xC0,0x40,0x40,0x40,0x40,0x40,0xE0,0xE0,0x40,0x60,0xA0,0xA0,0x20,
0x20,0x10,0x10,0xD0,0x90,0x10,0x10,0x18,0x18,0x18,0xCC,0x88,0x80,0x00,0x00,0x00,
0x00,0x00,0x00,0xFF,0x80,0x80,0x80,0x80,0x80,0xFF,0xFF,0x00,0x00,0x00,0x21,0x2F,
0x26,0xA0,0xE0,0x20,0x27,0x22,0x20,0x10,0x2C,0x27,0x11,0x10,0x80,0x00,0x00,0x00,
0x00,0x00,0x00,0xFF,0x00,0x00,0x00,0x00,0x00,0xFF,0xFF,0x00,0x00,0x00,0x02,0x02,0xC2,
0x7A,0x1F,0x77,0x92,0x12,0x12,0x12,0x92,0xF2,0x7A,0x12,0x01,0x01,0x01,0x00,0x00,
0x00,0x00,0x00,0x0F,0x01,0x01,0x01,0x01,0x41,0x23,0x11,0x08,0x0C,0x4

6,0x43,0x21,
0x20,0x30,0x10,0x19,0x0F,0x0E,0x0F,0x1B,0x18,0x30,0x30,0x20,0x60,0x20,0x00,0x00,
0x00,0x00,0x00,0x00,0x00,0x08,0x18,0xF0,0xE0,0x00,0x00,0x00,0x00,0x00,0x00,0xF8,
0xF0,0x10,0x10,0x10,0x10,0x10,0xF8,0xF8,0x08,0x00,0x00,0x00,0x00,0x00,0x00,0x00,
0x00,0x00,0x00,0x20,0x20,0x20,0x20,0xF0,0xF0,0x80,0x80,0x40,0x20,0xB0,0x9E,0x87,
0x80,0x80,0x80,0x80,0x80,0x80,0x87,0x8F,0xCC,0xC8,0x88,0x0C,0x0C,0x08,0x00,0x00,
0x00,0x00,0x00,0x00,0x00,0x00,0x00,0xFF,0xFF,0x00,0x80,0xC0,0x20,0x00,0x00,0x01,
0x0E,0x38,0xE0,0x80,0x80,0xE0,0x70,0x1E,0x0F,0x01,0x00,0x00,0x00,0x00,0x00,0x00,
0x00,0x00,0x00,0x00,0x00,0x00,0x0F,0x4F,0x43,0x41,0x20,0x20,0x30,0x10,0x18,
0x08,0x0C,0x06,0x03,0x03,0x06,0x0E,0x0C,0x18,0x18,0x38,0x30,0x10,0x10,0x00,0x00,
0x00,0x00,0x00,0x00,0x00,0x00,0x00,0x00,0x00,0x80,0xE0,0xFC,0x5C,0x48,0x40,0x40,
0x40,0x40,0x40,0x40,0xC0,0xE0,0x70,0x20,0x00,0x00,0x00,0x00,0x00,0x00,0x00,0x00,
0x00,0x00,0x00,0x00,0x00,0x10,0x18,0x0C,0x06,0x03,0x00,0x00,0x83,0x86,0xD8,0x70,
0x70,0xD8,0xCC,0x86,0x03,0x01,0x00,0x00,0x00,0x00,0x00,0x00,0x00,0x00,0x00,0x00,
0x00,0x00,0x10,0x10,0x10,0x08,0x08,0x04,0xFC,0xFE,0x0A,0x0B,0x09,0x08,0x08,0x08,
0xF8,0x08,0x08,0x09,0x09,0x0B,0x0A,0xFE,0x0E,0x0E,0x0C,0x0C,0x0C,0x04,0x00,0x00,
0x00,0x00,0x00,0x00,0x00,0x00,0x00,0x00,0x7F,0x7F,0x11,0x11,0x11,0x11,0x11,0x11,
0x1F,0x11,0x11,0x11,0x11,0x11,0x11,0x3F,0x3C,0x00,0x00,0x00,0x00,0x00,0x00,0x00,

//==
=====================
};
unsigned char code bmp32[][128]={
//32×32 图形,0度

0x00,0x00,0x00,0x00,0x00,0x00,0x00,0x00,0x00,0x00,0x80,0x80,0x80,0x8

0,0x80,0x80,
0x80,0x80,0x80,0x80,0x80,0x80,0x00,0x00,0x00,0x00,0x00,0x00,0x00,0x00,0x00,0x00,
0x00,0xC0,0x60,0x30,0x38,0x7C,0x7E,0xFE,0xFF,0xFD,0xF0,0xE0,0xC0,0x00,0x00,0x00,
0xFF,0xFF,0xFF,0x7F,0x3F,0x0F,0x07,0x03,0x01,0x82,0x86,0xC4,0xC8,0xF0,0xC0,0x00,
0x7F,0xF9,0xF8,0xF8,0xF8,0xF8,0xF8,0xF8,0x70,0x71,0x31,0x31,0x13,0x93,0xD6,0xFC,
0x0F,0x1B,0x7C,0xEC,0xEE,0xCE,0xCF,0x8F,0x8F,0x0F,0x0F,0x0F,0x0F,0x0F,0x8F,0x7F,
0x00,0x00,0x03,0x07,0x09,0x10,0x20,0x20,0x40,0x60,0x78,0xFC,0xFE,0xFF,0xFF,0xFF,
0x80,0x80,0x80,0x80,0x81,0x87,0x4F,0x7F,0x3F,0x3F,0x1F,0x1F,0x0E,0x06,0x01,0x00,

//——————————————————————————————————————

0x00,0x00,0x00,0x00,0x00,0x00,0x00,0x00,0x00,0x00,0x00,0x00,0x80,0x80,0x80,0x80,
0x80,0x80,0x80,0x80,0x80,0x00,0x00,0x00,0x00,0x00,0x00,0x00,0x00,0x00,0x00,0x00,
0x00,0x80,0xE0,0x30,0x18,0x0C,0x0E,0x1E,0x1E,0x3E,0x7F,0xFF,0xFF,0xFC,0xE0,0x00,
0x00,0x00,0xE0,0xFC,0xFF,0x7F,0x3F,0x1F,0x1E,0x1E,0x0E,0x0C,0x18,0x20,0xC0,0x00,
0x3C,0xFF,0x3E,0x3E,0x3E,0x3E,0x3E,0x3E,0x3E,0x1C,0x1C,0x9C,0xD9,0xC9,0xEB,0x3E,
0x1C,0x6B,0xC9,0xCD,0xDC,0x9C,0x1C,0x1E,0x3E,0x3E,0x3E,0x3E,0x3E,0x3E,0xFF,0x3F,
0x00,0x00,0x03,0x04,0x0C,0x18,0x38,0x3C,0x3C,0x7E,0x7F,0x7F,0xFF,0x8F,0x81,0x80,
0x80,0x80,0x83,0xBF,0x7F,0x7F,0x7F,0x3E,0x3C,0x3C,0x18,0x0C,0x04,0x03,0x01,0x00,

//——————————————————————————————————————

0x00,0x00,0x00,0x00,0x00,0x00,0x00,0x00,0x00,0x00,0x80,0x80,0x80,0x80,0x80,0x80,
0x80,0x80,0x80,0x80,0x80,0x00,0x00,0x00,0x00,0x00,0x00,0x00,0x00,0x00,0x00,0x00,
0x00,0x80,0xE0,0xE0,0xD0,0x8C,0x84,0x02,0x01,0x03,0x0F,0x1F,0x3F,0xFF,0xFF,0xFF,
0x1E,0x00,0x00,0x80,0xE0,0xE1,0xF9,0xFF,0xFE,0x7E,0x7E,0x3C,0x18,0x2

```
0,0xE0,0x80,
0x7E,0xCF,0x0F,0x0F,0x0F,0x0F,0x0F,0x0F,0x8F,0xCE,0xCE,0xCE,0xCC,0x6
C,0x29,0x1B,
0xFC,0xCE,0xDA,0x3B,0x39,0x39,0x39,0x78,0xF8,0xF8,0xF8,0xF8,0xF
8,0xF9,0x3F,
0x00,0x01,0x03,0x04,0x0E,0x1E,0x3F,0x3F,0x3F,0x5F,0x47,0xC3,0x81,0x8
0,0x80,0x80,
0xFF,0xFF,0xFF,0xFF,0xFC,0x7C,0x30,0x40,0x20,0x30,0x19,0x0D,0x07,0x0
3,0x00,0x00,
//————————————————————————————————————————
————
0x00,0x00,0x00,0x00,0x00,0x00,0x00,0x00,0x00,0x00,0x00,0x80,0x80,0x8
0,0x80,0x80,
0x80,0x80,0x80,0x80,0x80,0x80,0x80,0x00,0x00,0x00,0x00,0x00,0x00,0x0
0,0x00,0x00,
0x00,0x00,0xC0,0xE0,0xF0,0xF8,0xF4,0xE2,0xE1,0xC1,0x81,0x01,0x01,0x0
7,0x3F,0xFF,
0xFF,0xFF,0x1F,0x03,0x00,0x80,0xC1,0xE1,0xE1,0xF1,0xFA,0xFC,0xF8,0xF
0,0xE0,0x00,
0x3E,0xC7,0xC1,0xC1,0xC1,0xC1,0xC1,0xC1,0xC3,0xE3,0xE3,0xE7,0x66,0x3
6,0x14,0xD9,
0xFB,0x9C,0x36,0x36,0x73,0xE3,0xE3,0xE1,0xC1,0xC1,0xC1,0xC1,0xC1,0xC
1,0xC1,0x3F,
0x00,0x01,0x03,0x07,0x0F,0x1F,0x2F,0x47,0x43,0x43,0xC1,0x80,0xC0,0xF
8,0xFF,0xFF,
0xFF,0xFF,0xFC,0xE0,0xC0,0x40,0x41,0x43,0x23,0x37,0x1F,0x0F,0x07,0x0
3,0x00,0x00,
};
//显示32×32点阵的图形子程序,逐列取模,从第3行第13列开始显示
void display_bmp(uchar k)        //k是图形在数组中排第几组,如0、1、2、3
{
    uchar i,j;
    //page=page*2-1;         //在第3行,page=5
    //page=5;
    //column=(column-1)*8+1;  //在第13列,column=95
    //column=95;
    //k=number;
    for(i=0;i<4;i++)
    {
        lcd_address(5+i,88);    //原为92
        for(j=0;j<32;j++)
        {
            transfer_data_lcd(bmp32[k][32*i+j]);
```

```
    }
  }
}
//*************************************************
//显示阀门关的黑色图形条
//=================================================

void blank()
{
    unsigned char x;
    for(x=41;x<e2pdat[4]+42;x++)
    {
     lcd_address(5,x);          //从点阵坐标 5 行 41 列开始显示
     transfer_data_lcd(0xfc);
     lcd_address(6,x);          //从点阵坐标 6 行 41 列开始显示
     transfer_data_lcd(0x0f);
    }
}
```

（3）SHT11 温湿度传感器数据采集程序。本模块的程序功能是将各个冷藏室的温湿度数据通过 SHT11 采集并在液晶屏上显示出来，其设计流程框图如图 7-6 所示。

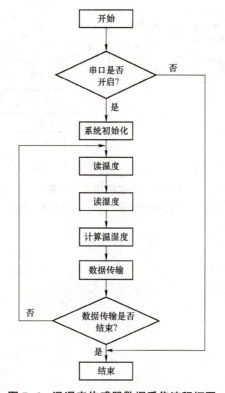

图 7-6　温湿度传感器数据采集流程框图

（4）RS-485 串行通信模块。本系统数据传输采用的是 RS-485 串行通信，由于现行的 RS-485 总线没有统一的通信协议，因此需要定义双方协议，这里采用的是 PC 为主机，单片机是从机方式。波特率采用 9 600 bit/s。本系统采用的是单主机多从机系统，为了区分各个从站，给每个从站都设置唯一的一个地址编码。当下位机给上位机发送数据时，发送 00 命令；当下位机接收上位机数据时，发送 01 命令。其发送和接收数据流程框图如图 7-7 所示。

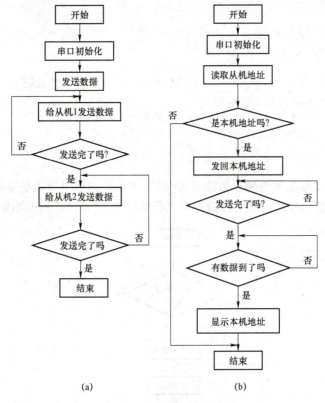

图 7-7　通信模块流程框图
(a) 主机程序流程框图；(b) 从机程序流程框图

成果八 招生数据管理系统

完成单位：辽宁建筑职业学院

完 成 人：李君实、倪宝童、宋 来

一、项目背景

随着教育信息化的深入开展，要求招生信息统计准确、快速、全面，随时提供给高校管理部门进行分析、处理和决策之用，以传统的手工传抄、人工统计的信息管理模式已经不能适应新形式下高校招生工作发展的需要。直接使用"全国普通高校招生网上录取院校子系统"产生的录取数据有许多缺点，如录取数据零散、数据格式不完全一致、数据格式单一及数据文件多等。招生管理部门急需使用的数据如专业名称校对、录取通知书打印、录取查询、新生名册生成、报表统计等功能欠缺，导致高校招生、教务、学生管理部门无法直接使用数据，降低了招生管理的效果和作用。为了科学、高效地处理招生录取数据，通过对高校招生工作进行调研分析，结合学校实际情况，开发了新生数据管理系统。

本系统自 2009 年开发以来，结合多年的招生工作经验，对新生数据管理系统的功能进行了不断改进和升级，除了导出和整合"全国普通高校招生网上录取院校子系统"的各省数据外，基本囊括了招生工作中的各种需求，可以支持和实现录取通知书打印、缴费通知单打印、新生分班及名册查询、各项招生统计及数据共享等工作。现已有 8 年的使用经验，系统稳定，招生部门工作人员反映良好，并已在其他高校推广使用。

二、需求分析

随着全国普通高校招生管理系统（以下简称"招生系统"）在全国的应用，招生录取工作实现了计算机管理及网上录取，极大地提高了招生录取工作的效率，也为学校实现数字化管理提供了基础数据。招生录取系统对网上录取过程中各项功能的实现较为完善，包括与省招办服务器数据交换、自动分档、阅档、录取，但录取结束后录取数据的提取和利用的相关功能尚需作进一步的分析和开发。目前该软件能导出简单的录取信息和整套 DBF 格式的表，但不能直接导出学生的详细成绩等，电子数据也无法快速提取和直接使用；直接导出的简单表中没有考生的联系方式，不能打印录取通知书。而导出的 DBF 格式表则由主表和一些代码表组成，如果不进行关联查询也无法使用。再者，由于招生工作分省进行，高校在各省用不同的账户录取，DBF 格式数据也是按省导出，各数据表中没有省份的字段，而且各省主表的数据结构有差异，无法直接将各省数据合并利用。基于以上分析，并结合多年的招生工作经验，我们对招生数据管理系统的需求描述及性能分析具体如下。

1. 需求描述

（1）整合高校网上录取系统的分省录取数据，充分实现数据整合。

（2）对考生数据进行分析，为招生预测和决策提供重要依据。

（3）提高招生数据处理的自动化程度，充分利用计算机的强大数据处理功能处理数据，提高招生工作效率。

（4）通过招生数据管理系统实现导入、导出、查询及统计功能。

2. 性能分析

（1）数据的导入。由于各省录取数据的代码和成绩字段存在差异，需要在导入前进行处理，并在各省录取数据中增加省市代码字段。在数据导入前，还设计了根据各省数据中的字段差异来设置和添加字段。针对招生录取系统导出的各省数据中存在差异的情况，设计了统一的数据结构，导入经过处理的数据后，最终实现各省数据的统一，从而实现数据各种统计分析。从"全国普通高校招生网上录取系统"导出的 DBF 数据（含录取以及退档考生的数据）按照指定的 DBF 格式导入到系统数据库中，并进行一些必要的代码转换（以自动方式完成）。导入 DBF 格式数据同时也将考生的图片（考生照片）导入到数据库中，方便考生信息的备份和整理。

（2）数据的修改和查询。在录取工作结束之后，被录取的新生有可能出现申请改专业、改班级等情况。针对这些情况和相关需要，本系统设计了实现对上述情况的记录及修改功能。同时针对学生管理部门对学生档案信息查询的需求，本系统还设计了按学生姓名、考生号及专业等方式进行查询。

（3）数据的打印及统计报表。当各省录取数据导入系统后，便可自动生成各类名册和各项统计数据，包括生源分析、志愿分析、录取成绩、录取专业等一系列的数据分析等功能，方便学校领导及招生部门了解招生计划的执行情况及下一年的招生预测，可通过系统打印录取通知书、缴费通知单及查询打印报表。同时该系统具有新生分班功能，方便学校将数据分发到学校的财务处、学生处、图书馆、后勤等与学生相关的部门。

三、概要设计

新生数据管理系统配置与运行基于 Windows XP/Windows 7/Windows 10 操作系统，通过 Visual FoxPro 数据库语言设计而成。安装包可安装在 Windows 任意硬盘空间。

该软件数据库及表的设计基于教育部全国普通高校招生网上录取系统的基础

表的设计，通过 Visual FoxPro 数据库语言建立了数据库表的采集、智能处理录取数据打印、查询、新生分班等一系列数据处理功能（图8–1），形成了一整套完整的招生数据管理功能，完全适应高校的实际需求。系统的适配性要求低，可在 Windows XP 及以上版本任意安装，提供了一种安全、快捷的途径。

图 8–1　数据打印界面

数据管理在招生数据管理系统中是一项核心技术，存在的应用型数据，通过存储介质将系统相关信息存储到某一介质中，并通过某一规则进行保存。系统的上端，通过程序软件对数据库中信息可进行各种有效操作，通过操作以达到系统的业务功能。数据存储与数据访问的主要核心操作是数据的输入与输出，处理好这两点就能够准确地处理某一管理系统的业务功能。本软件在招生数据处理与分析系统中，在数据库环境中，存储了各种相关数据库、表单及数据表格，对于招生数据管理、查询、添加等信息，客户可以进行添加、调用与访问，利用 Visual FoxPro 数据管理技术，实现系统的有序化、科学化。需要特别提出的是，在新生数据处理与分析系统中，除了传统的数据存储方式外，还设计利用了数据库的访问中间件技术，在数据库与逻辑层之间，设计一层中间件体系，其主要功能是快速地连接业务层与数据库，通过该接口的连接，在数据输入与输出时，将调用封装好的函数事件，减少了程序端的编写，且提高了数据的传输效率，同时在通信交互过程中实现稳定的高层应用，对于以后的程序扩展、维护、移植、升级管理系统具有重要价值。

Visual FoxPro 数据库编程语言，不但功能强大，而且具有组件丰富、语言简单、易于使用等特点。首先，对硬件设备的要求较低，用户只需要在操作系统安装 Visual FoxPro 6.0 以上的版本便可使用本软件。其次，系统的适配性高，在招生数据处理与分析业务信息的传播上，可以拓展招生数据处理与分析业务手段，提供个性化的招生数据处理与分析，可以采用多渠道的查询与传递方式，为招生数据处理与分析提供了一种安全快捷的途径。第三，为便于招生数据处理与分析，该软件需要预留可增加、可删除、可扩充、可修改的发展接口，并且在增加、删除、修改和查询相关子系统时能够做到不影响现有的系统工作。对于每个模块的操作过程中，都要做到方便灵活，不能出现长时间的等待。通过系统的数据包资源，在本系统平台上，可以多种方式查询数据的信息，满足不同信息查找数据的需求。第四，系统运行设计上，各种类型的招生数据处理与分析的操作结果的返回，不超过 8 s。报表部分，不管是人工制作还是自动制作，都需要做到迅速、准确，不能出现等待时间无法预期的等待过程。

四、部分源程序代码

主程序如下：

```
clear screen
local lcsys16,lcprogram            &&定义局部变量
lcsys16=sys(16)           && sys(16)返回当前正在运行的程序名（包括路径）
lcprogram=substr(lcsys16,at(":",lcsys16)-1)
cd left(lcprogram,rat("\",lcprogram))     &&用 CD 命令进入系统所在目录
deactivate window "project manager"       &&关闭项目管理器
do setting                    &&设置系统环境配置_SCREEN.WINDOWSTATE=2

*RESTORE FROM PASS1.MEM ADDI&&d:\newstudent\PASS1.MEM ADDI
*restore from bddatev.mem additive
*DO FORM sysfile\forms\login.SCX TO NUM
restore from zafmemo.mem
restore from bddatev.mem additive
*IF NUM
  DO sysfile\menus\新生数据.MPR&&d:\newstudent\menus\新生数据.MPR
  _screen.picture='msstudent1.jpg'
  READ EVENTS
*ENDIF
```

子程序一：

```
select 109
*use data\基本数据\tdzytj&&d:\nibaotongfile\newstudent\
*select sstudent
select dqdm,dqmc,zxmc,tdzy,count(tdzy) as cntdzy;
from &zydbf group by dqmc,zxmc,tdzy into cursor tdzytjb
select distinct dqdm,dqmc,zxmc from tdzytjb into cursor zxmcb
```

```
dim=''
zxm=''
dmm=''
select zxmcb
    go top
    do while !eof()
              ZXM=alltrim(ZXMC)
              dim=alltrim(dqmc)
              dmm=alltrim(dqdm)
              select 109
              append blank
              select tdzytjb
              GO TOP
              DO WHILE !EOF()
                    zyvalue=''
                    zycn=0
                       IF
ZXMC=ZXM.and.alltrim(dqmc)==dim&&.and.dmm==alltrim(dqdm)
                           zyvalue=tdzy
                           zycn=cntdzy
                           select 109
                           do case
                              case zyvalue='1'
                                 replace tdzy1 with zycn
                              case zyvalue='2'
                                 replace tdzy2 with zycn
                              case zyvalue='3'
                                 replace tdzy3 with zycn
                              case zyvalue='4'
                                 replace tdzy4 with zycn
                              case zyvalue='5'
                                 replace tdzy5 with zycn
                              case zyvalue='6'
                                 replace tdzy6 with zycn
                              case zyvalue='7'
                                 replace tdzy7 with zycn
case zyvalue='8'
                                 replace tdzy8 with zycn
                              case zyvalue='9'
                                 replace tdzy9 with zycn
                              case zyvalue='0'
                                 replace tdzy0 with zycn
                           endcase
```

```
                    ENDIF
                select tdzytjb
                    SKIP
                ENDDO
                select 109
                    replace dqdm with dmm
                    replace dqmc with dim,zxmc with zxm
                    replace rszj with tdzy1+tdzy2+tdzy3+tdzy4+tdzy5+
tdzy6+tdzy7+tdzy8+tdzy9+tdzy0
                    dim=''
                    zxm=''
                    dmm=''
                select zxmcb
                    SKIP
    ENDDO
```

子程序二：

```
set talk off
close table all
on error do errorif
*filename=getfile('dbf')
filename=getdir()
if right(filename,1)<>'\'
    filename=filename+'\'
endif
select 40
use
use &filename.t_tdd
alter table t_tdd add column bhh C(12)
alter table t_tdd add column xib C(16)
alter table t_tdd add column zyzy C(40)
*close table all
set talk on
```

子程序三：

```
clear Events
if _screen.FormCount>0
  h=_screen.formcount
  dime TmpForm(h)
  for i=1 TO h
    TmpForm(i)=_screen.forms(i)
  endfor
  for i=1 to h
    TmpForm(i).Release
```

```
        endfor
    endif
quit
```
　　子程序四：
```
parameter year1
year2=''
lstr=len(alltrim(str(year1)))
for i=1 to lstr
    sub1=substr(str(year1,lstr),i,1)
    if lstr=4
        year2=year2+sub(sub1)
    else
        do case
            case year1<10
                year2=sub(sub1)
            case year1=10
                year2='十'
  exit
            case year1>10.and.year1<20
                year2='十'+sub(sub1)
            case year1=20
                year2='二十'
                exit
            case year1>20.and.year1<30
                 year2='二十'+sub(sub1)
            case year1=30
                year2='三十'
                exit
            case year1=31
                year2='三十一'
                exit
        endcase
    endif
endfor
return year2
****以下为过程,读取与指定日期中数字相对应的文字
procedure sub
parameter sub2
    do case
        case  sub2="1"
            year3="一"
        case  sub2="2"
            year3="二"
```

```
            case  sub2="3"
                year3="三"
            case  sub2="4"
                year3="四"
            case  sub2="5"
                year3="五"
case  sub2="6"
                year3="六"
            case  sub2="7"
                year3="七"
            case  sub2="8"
                year3="八"
            case  sub2="9"
                year3="九"
            case  sub2="0"
                year3="o"
    endcase
    return year3
```
子程序五：
```
set talk off
close table all
select a
*=getfile('dbf')
use d:\newstudent\data\高中生\辽宁data\t_tdd
select b
*=getfile('dbf')
use d:\newstudent\data\高中生\辽宁data\t_jhk
scan
  zydm=zydh
  zyname=iif(at(' (',zymc)<>0,left(zymc,at(' (',zymc)-1),alltrim(zymc))
  select a
  go top
  scan
    if lqzy=zydm
       replace zyzy with zyname
    endif
  endscan
  select b
endscan
close table all
set talk on
```

子程序六：
```
set sysmenu to default
set sysmenu on
set talk on
set notify on
set exclusive on
set safety on
set status bar on
*modify window screen
clear all
clear events
quit
```

子程序七：
```
* SetObjRf.PRG - Set Object Referece.
*
* Copyright (c) 1997 Microsoft Corp.
* 1 Microsoft Way
* Redmond, WA 98052
*
* Description:
* Set an object reference to a specified property based on a specified class.
* Return new instance of specified class if name is an empty string.

lparameters toObject,tcName,tvClass,tvClassLibrary
local lcName,lcClass,lcClassLibrary,oObject,lnCount
local lnObjectRefIndex,lnObjectRefCount,oExistingObject

if type("toObject")#"O" or isnull(toObject)
    return .null.
endif
lcName=iif(type("tcName")=="C",alltrim(tcName),lower(sys(2015)))
oExistingObject=.null.
oObject=.null.
lcClassLibrary=""
do case
    case type("tvClass")=="O"
        oObject=tvClass
        lcClass=lower(oObject.Class)
        lcClassLibrary=lower(oObject.ClassLibrary)
      if not isnull(oExistingObject) and lower(oExistingObject.Class)==lcClass AND ;
            lower(oExistingObject.ClassLibrary)==lcClassLibrary
           toObject.vResult=oExistingObject
```

```
            return toObject.vResult
        endif
    case empty(tvClass)
        oObject=toObject
        lcClass=lower(oObject.Class)
        lcClassLibrary=lower(oObject.ClassLibrary)
        if not isnull(oExistingObject) and lower(oExistingObject.Class)==lcClass and ;
                lower(oExistingObject.ClassLibrary)==lcClassLibrary
            toObject.vResult=oExistingObject
            return toObject.vResult
        endif
    otherwise
        lcClass=lower(alltrim(tvClass))
        do case
            case type("tvClassLibrary")=="O"
                lcClassLibrary=lower(tvClassLibrary.ClassLibrary)
            case type("tvClassLibrary")=="C"
                if empty(tvClassLibrary)
                    lcClassLibrary=lower(toObject.ClassLibrary)
ELSE
                    lcClassLibrary=lower(alltrim(tvClassLibrary))
                    if empty(justext(lcClassLibrary))
                        lcClassLibrary=lower(forceext(lcClassLibrary,"vcx"))
                    endif
                    llClassLib=(justext(lcClassLibrary)=="vcx")
                    if not "\"$lcClassLibrary
                        lcClassLibrary=lower(forcepath(lcClassLibrary,justpath(toObject.ClassLibrary)))
                        if not file(lcClassLibrary) and version(2)#0
                            lcClassLibrary=lower(forcepath(lcClassLibrary,home()+"ffc\"))
                            if not file(lcClassLibrary)
                                lcClassLibrary=lower(fullpath(justfname(lcClassLibrary)))
                            endif
                        endif
                    endif
                    if not file(lcClassLibrary)
                        toObject.vResult=.null.
                        return toObject.vResult
                    endif
```

```
            endif
        otherwise
            lcClassLibrary=""
    endcase
    if not isnull(oExistingObject) and lower(oExistingObject.Class) ==lcClass and ;
            lower(oExistingObject.ClassLibrary)==lcClassLibrary
        toObject.vResult=oExistingObject
        return toObject.vResult
    endif
```

成果九 电子产品功能完整性的自动化测试系统

完成单位： 辽宁水利职业学院

完 成 人： 黄 彬、王 月、李忠智、胡 楠

一、项目背景

电子产品在制造完成以后，必须加以严格的功能测试，证明产品质量完好或者发现潜在的不良品。所以，自动化测试工作已成为电子产品制造过程中极为关键的环节，其重要性甚至超过了生产本身。电子产品的制造工艺经过长期发展已相当成熟，但是测试环节还基本处于人工测试的境地，本系统的研制能够完成电子产品制造中产品完整性的测试任务，提高产品被测试覆盖的比例，提升产品质量，也能够降低手工操作的不确定性，极大改善测试作业的工作效率。为此，我们已完成电子产品自动化测试系统的硬件设计，并为多家应用单位设计定制配套软件。通过追踪河北一家电子企业生产的电机控制板的实际应用情况来看，原本每个工时可以测试 10 件产品，现在提升为 50 件产品。测试的完整程度较以往提高 8%。

二、系统总体设计

1. 系统构成

整个测试系统如图 9-1 所示。

（1）程控电源。为被测系统提供工作电源，可以利用计算机通信命令改变电源的输出电压。硬件具有短路保护、防反接保护、过流保护，能够测量每一路电源的输出电流。程控电源通过 UART 接口与主控处理器通信。

（2）测量电路。基于 NXP 公司的 Cortexm0 单片机，具有 16 路 AD 输入，提供类似万用表的功能，能够检测被测系统的输出电压、电流。测量结果通过 UART 与主控通信。

（3）主控处理器。基于 Freescaleimx6 处理器，运行 Linux 操作系统。整个系统的软件都运行在这个处理器平台。通信与控制各个外围电路板，驱动程控电源的输出，采集各种测量输入端的值，控制 JTAG 烧写器对被测系统进行编程。配置 LCD 显示器，为操作者提供人机操作界面。

成果九　电子产品功能完整性的自动化测试系统

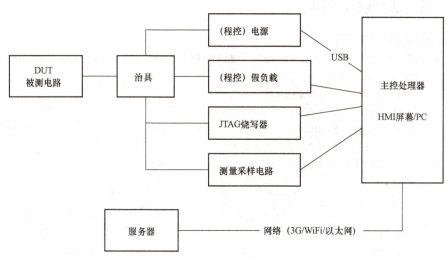

图 9-1　测试系统框图

DUT 代表被测电路，即刚焊接下生产线的 PCBA 电路板。PCBA 被夹持在定制的治具上。测试治具包含一块亚克力板，上面垂直地安装若干探针。整个探针是金属制造的，可以良好导电；上部为探针，通过弹簧卡在针套内部。

在夹持操作时，治具上的探针被施加压力，探针向内部缩进，针头紧密地压实在 PCB 板上，这样就把该测试点的电信号导入探针，再从探针尾端用导线连接到采样设备。

辅助测试的设备包括电源、假负载、JTAG 烧写器、电信号采样设备等，这些设备相互配合，实现整个测试过程，而它们的控制以及相互之间配合的过程，是由主控处理器完成的。例如，控制电源输出 5 V 到 PCBA 的电源，经由 LDO 压降至 3.3 V，探针取出 LDO 的输出至电压采样设备，读出电压值（假定是 3.325 V），主控处理器根据测试要求判定该点电压是否合格。

主控需要运行的测试程序从服务器下载，因此需要更新测试用例时，只需要更新服务器上的文件即可。主控测量的采样值也被保存为报告文件，上传到服务器。

2. 软件实现的功能

（1）提供操作界面，操作员控制系统工作流程。
（2）开始测试时，控制程控电源对被测系统上电，检测电源是否正常工作。
（3）控制 JTAG 烧写器，对被测系统写入测试固件，控制被测系统的行为。
（4）测试记录。测试过程的每一步采集到的数值记录在数据库中。
（5）条码管理。每个被测电路板生成唯一条码，再通过条码查询测试记录。控制 JTAG 烧写器，对被测系统写入出厂固件。

三、部分设计代码

治具检测主程序：

```
/* ##################################################################
**     Filename    :ProcessorExpert.c
**     Project     :ProcessorExpert
**     Processor   : MKL26Z128VLH4
**     Version     : Driver 01.01
**     Compiler    : GNU C Compiler
**     Date/Time   : 2016-07-17, 21:42, # CodeGen: 0
**     Abstract    :
**         Main module.
**         This module contains user's application code.
**     Settings    :
**     Contents    :
**         No public methods
**
** ##################################################################*/
/*!
** @file ProcessorExpert.c
** @version 01.01
** @brief
**         Main module.
**         This module contains user's application code.
*/
/*!
**  @addtogroupProcessorExpert_moduleProcessorExpert module documentation
**  @{
*/
/* MODULE ProcessorExpert */


/* Including needed modules to compile this module/procedure */
#include"Cpu.h"
#include"Events.h"
#include"PTA.h"
#include"PTB.h"
#include"PTC.h"
#include"PTD.h"
#include"PTE.h"
#include"AD0.h"
```

成果九 电子产品功能完整性的自动化测试系统

```c
#include"UartHost.h"
#include"ASerialLdd1.h"
#include"UartExt.h"
#include"ASerialLdd2.h"
#include"UartTarget.h"
#include"ASerialLdd3.h"
#include"PTE.h"
/* Including shared modules, which are used for whole project */
#include"PE_Types.h"
#include"PE_Error.h"
#include"PE_Const.h"
#include"IO_Map.h"

/* User includes (#include below this line is not maintained by Processor
Expert) */

#include<stdarg.h>
#include<stdio.h>

#include"utils.h"
#include"uart_comm.h"
#include"bsp.h"

#define TEMP_DATA_LENGTH    10

float temperature = 0;

voidTestCase_IO()
{
    inti;
    int result = 0;

    Uart0_printf("Start test IO cases!—————————\n");

    //press power button
    Uart0_printf("Power on!\n");
    SET_GPIO_FIELD(PTD0, 1);
    block_delay(4);

    //press mode button
    //for(i=0;i<2;i++)
    //    PRESS_BUTTON("mode", PTE29);
```

165

```
    //check chg signal
    result+=!CHECK_GPIO_PIN("BEING_CHG",PTD7, 1);
    result+=!CHECK_GPIO_PIN("FULL_CHG",PTD2, 1);
    //CHECK_GPIO_PIN("LP3947EN",PTC8, 1);//we don't need to check due
to this is always on

    //AD measure
    result+=!AD_Measure("GPIO_LED2", AD0_PTB3_ADC0_SE13, 1.0, 4.0);
    result+=!AD_Measure("GPIO_LED1", AD0_PTC0_ADC0_SE14, 1.0, 4.0);
    result+=!AD_Measure("GPIO_LED0", AD0_PTC1_ADC0_SE15, 1.0, 4.0);
    //result+=!AD_Measure("GPIO_MODE1", AD0_PTB1_ADC0_SE9, 1.0, 4.0);
    //result+=!AD_Measure("GPIO_MODE0", AD0_PTB2_ADC0_SE12, 1.0,
4.0);

    //result+=!AD_Measure("VDD_3V3", AD0_PTB0_ADC0_SE8, 1.5, 3.5);

    //change mode to initialise mode
    PRESS_BUTTON("mode", PTE29);
    //press power button
    Uart0_printf("Power off!\n");
    SET_GPIO_FIELD(PTD0, 0);
    block_delay(2);
    PRESS_BUTTON("power", PTD4);

    if(result == 0)
        Uart0_printf("BasicIOTest Pass!————————\n");
    else
        Uart0_printf("BasicIOTest Failed!————————\n");
}

voidTestCase_Charge()
{
    inti;
    int result =0;

    Uart0_printf("Start test charging cases!————————\n");

    //connect 5V charging input
    Uart0_printf("5v charging on!\n");
    SET_GPIO_FIELD(PTB16, 0);
    block_delay(10);

    //check chg signal
```

成果九 电子产品功能完整性的自动化测试系统

```
    result -=!CHECK_GPIO_PIN("BEING_CHG",PTD7, 0);
    result -=!CHECK_GPIO_PIN("FULL_CHG",PTD2, 1);
    result -=!CHECK_GPIO_PIN("LP3947EN",PTC8, 1);//we don't need to
check due to this is always on
    //result -=!CHECK_GPIO_PIN("I2C_SCL",PTC10, 1);
    //result -=!CHECK_GPIO_PIN("I2C_SDA",PTC11, 1);

    //AD measure

    result -=!AD_Measure("_TS", AD0_PTD6_ADC0_SE7b, 0.5, 3.5);
    //result -=!AD_Measure("DIFF_AMP", AD0_PTD5_ADC0_SE6b, 0.5, 3.5);
    result -=!AD_Measure("TEMP_AD", AD0_PTD1_ADC0_SE5b, 0.5, 2.5);
    result -=!AD_Measure("BAT_AD_IN", AD0_PTC2_ADC0_SE11, 1.3, 3.5);

    block_delay(4);
    result -=!AD_Measure("VDD_3V3", AD0_PTB0_ADC0_SE8, 2.0, 3.8);

    //result -=!AD_Measure("VDD_3V3", AD0_PTB0_ADC0_SE8, 2.8, 4.5);

    //connect 5V charging input
    Uart0_printf("5v charging off!\n");
    SET_GPIO_FIELD(PTB16, 1);
    block_delay(4);

    /*Uart0_printf("Test auto stop action!\n");

    //press power button
    Uart0_printf("Power on!\n");
    SET_GPIO_FIELD(PTD0, 1);
    block_delay(4);

    //connect 5V charging input
    Uart0_printf("5v charging on!\n");
    SET_GPIO_FIELD(PTB16, 1);
    block_delay(4);

    //connect 5V charging input
    Uart0_printf("5v charging off!\n");
    SET_GPIO_FIELD(PTB16, 1);
    block_delay(4);


    //press power button
```

```
        Uart0_printf("Power off!\n");
        SET_GPIO_FIELD(PTD0, 0);
        block_delay(2);
        PRESS_BUTTON("power", PTD4);

        result +=!AD_Measure("VDD_3V3", AD0_PTB0_ADC0_SE8, 0, 2.0);*/

        //press power button
        Uart0_printf("Power off!\n");
        SET_GPIO_FIELD(PTD0, 0);
        block_delay(2);
        PRESS_BUTTON("power", PTD4);

    if(result ==0)
            Uart0_printf("Charging Pass!————————\n");
        else
            Uart0_printf("Charging Failed!————————\n");
}

voidTestCase_SMT()
{
    inti;
    int result =0;

        Uart0_printf("Start test SMT cases!————————————\n");

        //press power button
        Uart0_printf("Power on!\n");
        SET_GPIO_FIELD(PTD0, 1);
        block_delay(4);

        //press mode button
        //for(i=0;i<2;i++)
        //   PRESS_BUTTON("mode", PTE29);

        //check chg signal
        result +=!CHECK_GPIO_PIN("BEING_CHG",PTD7, 1);
        result +=!CHECK_GPIO_PIN("FULL_CHG",PTD2, 1);
        result +=!CHECK_GPIO_PIN("LP3947EN",PTC8, 1);//we don't need to check due to this is always on

        //AD measure
        result +=!AD_Measure("GPIO_LED2", AD0_PTB3_ADC0_SE13, 2.0,
```

```
3.0);
        result +=!AD_Measure("GPIO_LED1", AD0_PTC0_ADC0_SE14, 2.0,
3.0);
        result +=!AD_Measure("GPIO_LED0", AD0_PTC1_ADC0_SE15, 2.0,
3.0);
        result +=!AD_Measure("GPIO_MODE1", AD0_PTB1_ADC0_SE9, 2.0,
3.0);
        result +=!AD_Measure("GPIO_MODE0", AD0_PTB2_ADC0_SE12, 2.0,
3.0);

        result +=!AD_Measure("TEMP_AD", AD0_PTD1_ADC0_SE5b, 1.0, 3.5);
        result +=!AD_Measure("BAT_AD_IN", AD0_PTC2_ADC0_SE11, 1.8,
3.5);

        //result +=!AD_Measure("VDD_3V3", AD0_PTB0_ADC0_SE8, 2.0,
3.8);

        //change mode to initialise mode
        PRESS_BUTTON("mode", PTE29);

        //——add new charging relate cases during smt
        //press power button
                Uart0_printf("Power off!\n");
                SET_GPIO_FIELD(PTD0, 0);
                block_delay(2);
                PRESS_BUTTON("power", PTD4);

        //connect 5V charging input
            Uart0_printf("5v charging on!\n");
            SET_GPIO_FIELD(PTB16, 0);
            block_delay(10);

            //check chg signal
            result -=!CHECK_GPIO_PIN("BEING_CHG",PTD7, 0);
            result -=!CHECK_GPIO_PIN("FULL_CHG",PTD2, 1);
            result -=!CHECK_GPIO_PIN("LP3947EN",PTC8, 1);//we don't
need to check due to this is always on
            //result -=!CHECK_GPIO_PIN("I2C_SCL",PTC10, 1);
            //result -=!CHECK_GPIO_PIN("I2C_SDA",PTC11, 1);

            //AD measure

            result -=!AD_Measure("_TS", AD0_PTD6_ADC0_SE7b, 0.5, 3.5);
```

```
            //result -=!AD_Measure("DIFF_AMP", AD0_PTD5_ADC0_SE6b, 0.5,
3.5);
            result -=!AD_Measure("TEMP_AD", AD0_PTD1_ADC0_SE5b, 0.5,
2.5);
            result -=!AD_Measure("BAT_AD_IN", AD0_PTC2_ADC0_SE11, 1.3,
3.5);

            block_delay(4);
            result -=!AD_Measure("VDD_3V3", AD0_PTB0_ADC0_SE8, 2.0,
3.8);

            //result -=!AD_Measure("VDD_3V3", AD0_PTB0_ADC0_SE8, 2.8,
4.5);

            //connect 5V charging input
            Uart0_printf("5v charging off!\n");
            SET_GPIO_FIELD(PTB16, 1);
            block_delay(4);

    //press power button
    Uart0_printf("Power off!\n");
    SET_GPIO_FIELD(PTD0, 0);
    block_delay(2);
    PRESS_BUTTON("power", PTD4);

    if(result == 0)
        Uart0_printf("SMT Pass!————————\n");
    else
        Uart0_printf("SMT Failed!————————\n");
}

voidTestCase_Calibration()
{
    int result =0;
    Uart0_printf("Start test calibration cases!————————\n");
    //press power button
            Uart0_printf("Power on!\n");
            SET_GPIO_FIELD(PTD0, 1);
            block_delay(4);
    Uart0_printf("current temperature:%d.%d C`\n", (int)temperature,
((int)(temperature*100))%100);
    Uart2_printf("%d.%d", (int)temperature,
```

成果九　电子产品功能完整性的自动化测试系统

```
((int)(temperature*100))%100);
    block_delay(4);
    result =AD_Measure("GPIO_LED0", AD0_PTC1_ADC0_SE15, 2.0, 4.0);

    if(!result)
        Uart0_printf("Calibration Failed!————————\n");
    else
    {
        Uart0_printf("Calibration sent!————————\n");
        //press power button
        Uart0_printf("Calibration Pass!————————\n");
    }

            Uart0_printf("Power off!\n");
            SET_GPIO_FIELD(PTD0, 0);
            block_delay(2);
            PRESS_BUTTON("power", PTD4);
}

voidTestCase_ChargeBattery()
{
    staticintoncharging = 0;
    Uart0_printf("Start test charge battery cases!————————\
n");
    if(!oncharging)
    {
        Uart0_printf("start charging\n");
        Uart0_printf("5v charging power on!\n");
        //SET_GPIO_FIELD(PTE22, 1);
        SET_GPIO_FIELD(PTB16, 0);
        block_delay(4);
        oncharging = 1;
    }
    else
    {
        Uart0_printf("stop charging\n");
        Uart0_printf("5v charging power off!\n");
        //SET_GPIO_FIELD(PTE22, 0);
        SET_GPIO_FIELD(PTB16, 1);
        block_delay(4);
        oncharging = 0;
    }
}
```

```c
void callBack_btn1()
{
    TestCase_SMT();
}

void callBack_btn2()
{
    TestCase_Charge();
}

void callBack_btn3()
{
    TestCase_Calibration();
}

void callBack_btn4()
{
    TestCase_ChargeBattery();
}

void callBack_btn5()
{
    TestCase_IO();
}

/*lint -save -e970 Disable MISRA rule (6.3) checking. */
#define RECV_BUF_SIZE    128
int main(void)
/*lint -restore Enable MISRA rule (6.3) checking. */
{
/* Write your local variable definition here */
    byte recvbuf[RECV_BUF_SIZE+1];
    byte recvbuf0[RECV_BUF_SIZE+1];
    word recved;
/*** Processor Expert internal initialization. DON'T REMOVE THIS CODE!!!
***/
PE_low_level_init();
/*** End of Processor Expert internal initialization.
***/

/* Write your code here */
/* For example: for(;;) { } */
  Uart0_printf("Init test system!\n");
```

```c
AD_Calibration();

    Uart0_printf("5v charging power off!\n");
//SET_GPIO_FIELD(PTE22, 0);
    SET_GPIO_FIELD(PTB16, 1);


//following line just for debug with button press
/*TestCase_SMT();
TestCase_IO();
TestCase_Charge();*/

key_mask =0;//we unmask the key, we can check key now.
while(1)
    {
    //get temp
    Uart1_getstr(recvbuf, RECV_BUF_SIZE, &recved);
    if(recved&&recved == TEMP_DATA_LENGTH)
    {
        int multiple = 0;
        if(recvbuf[3]== 2)
            multiple = 100;
        else
            multiple = 10;
        if(recvbuf[4] == 1)
            multiple *= -1;
        temperature = recvbuf[5] *256 + recvbuf[6];
        temperature /= multiple;
        //Uart0_printf("recv temperature:%d.%d\n", (int)temperature,
((int)(temperature*100))%100);
    }

    //HACK: this is just a demo for string receiving
    Uart0_getstr(recvbuf0, RECV_BUF_SIZE, &recved);
        if(recved){
            if(recved)
            recvbuf0[recved]= '\0';
            Uart0_printf("recved string from uart:%s\n", recvbuf0);
            if(!strcmp(recvbuf0,"POWER_ON")
|| !strcmp(recvbuf0,"POWER_ON\n"))
            {
                Uart0_printf("Power on!\n");
                SET_GPIO_FIELD(PTD0, 1);
                block_delay(4);
```

```
            }
                elseif(!strcmp(recvbuf0,"POWER_OFF")
||!strcmp(recvbuf0,"POWER_OFF\n"))
                {
                        Uart0_printf("Power off!\n");
                        SET_GPIO_FIELD(PTD0, 0);
                    block_delay(4);
                }
        }


    if(key_btn1)
      {
          key_btn1 =0;
        key_mask = 1;//we mask the key, don't detect key during run test.
          callBack_btn1();
        key_mask =0;//we unmask the key, we can check key now.
      }
    if(key_btn2)
      {
          key_btn2 =0;
        key_mask = 1;//we mask the key, don't detect key during run test.
          callBack_btn2();
        key_mask =0;//we unmask the key, we can check key now.
      }
    if(key_btn5)
      {
          key_btn5 =0;
        key_mask = 1;//we mask the key, don't detect key during run test.
          callBack_btn5();
        key_mask =0;//we unmask the key, we can check key now.
      }
    if(key_btn3)
      {
          key_btn3 =0;
        key_mask = 1;//we mask the key, don't detect key during run test.
          callBack_btn3();
        key_mask =0;//we unmask the key, we can check key now.
      }
    if(key_btn4)
      {
          key_btn4 =0;
        key_mask = 1;//we mask the key, don't detect key during run test.
```

```
        callBack_btn4();
     key_mask =0;//we unmask the key, we can check key now.
   }
 }

/*** Don't write any code pass this line, or it will be deleted during
code generation. ***/
/*** RTOS startup code. Macro PEX_RTOS_START is defined by the RTOS
component. DON'T MODIFY THIS CODE!!! ***/
#ifdef PEX_RTOS_START
   PEX_RTOS_START();                 /* Startup of the selected RTOS.
Macro is defined by the RTOS component. */
#endif
/*** End of RTOS startup code.  ***/
/*** Processor Expert end of main routine. DON'T MODIFY THIS CODE!!! ***/
for(;;){}
/*** Processor Expert end of main routine. DON'T WRITE CODE BELOW!!! ***/
} /*** End of main routine. DO NOT MODIFY THIS TEXT!!! ***/

/* END ProcessorExpert */
/*!
** @}
*/
/*
** ###################################################################
**
**     This file was created by Processor Expert 10.2 [05.06]
**     for the FreescaleKinetis series of microcontrollers.
**
** ###################################################################
*/
```

成果十 辽宁工程职业学院微信公众平台研究与开发

完成单位： 辽宁工程职业学院

完 成 人： 李图江、郝 颖、石 峰、卢 萍、白云鹏

一、项目背景

微信是腾讯公司于 2011 年 1 月推出的一款以多媒体信息通信为核心功能的免费移动应用，可以通过网络快速发送语音短信、视频、图片和文字，支持多人群聊的手机聊天软件。微信诞生之后两年多的时间里快速发展，截止到 2018 年年底，微信注册用户已经达到 10 亿。

微信公众平台是腾讯公司在微信的基础上新增的功能模块，通过这一平台，个人和单位都可以打造一个微信公众号，并实现与特定群体的文字、图片及语音的全方位沟通、互动。该平台于 2012 年 8 月一经推出，就立刻受到了各媒体、企业、公共机构、个人用户甚至政府机构的欢迎，得到快速的推广与应用，使得微信公众平台成为继新浪公司旗下新浪微博之后又一具有重要地位的新媒体交互平台。从平台功能来看，目前公众平台的主要功能包括多媒体信息大规模推送、定向推送、一对一互动、多样化开发和智能回复等。这些功能为公众平台的实际运营带来了媒体、营销、客服、公共服务等应用方向。结合运营主体及主要内容特征，当前的微信公众平台可细分为新闻阅读类、综艺明星类、科技数码类、生活购物类、影音娱乐类、社区交友类、文化教育类、地方政务类、公共名人类等几大类。目前，政府、公共机构、非营利组织、高校等越来越多的公共服务机构也进驻微信，代表性的运营主体包括上海市人民政府新闻办、中国国家博物馆、深圳壹基金公益基金会、吉林大学微信公众平台等。

现如今互联网发展极为迅速，人们日常的生活都已经无法离开网络。出门只需携带一部有网络功能的智能手机即可，给人们的衣、食、住、行带来了极大的方便。同样，互联网给人们带来的这种便捷在教育上也显现出来，职业教育尤为突出。职业教育是发展地区经济和文化的生力军，对于高等教育走向大众化起着不可替代的重要作用。近年来，职业教育受到了党和政府前所未有的重视，职业院校蓬勃发展。作为一所年轻的高等职业院校，在面对时代带给我们良好机遇的

成果十　辽宁工程职业学院微信公众平台研究与开发

同时，也面临着严峻的挑战，如何扩大招生，使学院不断发展壮大，如何增强学院的内涵建设，给学生提供多种信息渠道已经成为学院亟待解决的问题之一。鉴于此，笔者开发了辽宁工程职业学院微信公众平台，一方面可对外扩大学院网站用户群体，另一方面可通过平台使在校教师与学生随时随地通过网络关注学院动态和招生就业信息等。

数字化校园的建设需要学校不断加强硬实力和软实力这两种影响力的建设。硬实力关系到学校硬件建设、人才培养质量、办学特色等内容，是办好一所学校的前提和基础。而软实力则包括一所学校对外的宣传和推介能力。在新媒体和自媒体充分发展的今天，巧妙地借用微信公众平台的力量来加强数字化学校的建设，无疑是一个省时省钱的明智之举。具体来说，首先，学校的微信公众平台给学生在校学习、生活提供便捷的服务，满足学生需求的信息服务。例如，学生可通过学校微官网了解通知公告等校内信息，及学生的成绩、活动等与学生密切相关的信息，利用学校的微官网来完成这些信息查询，极大方便了学生，为学生节省了很多时间。其次，通过校园微官网平台可以为教师提供一站式的信息查询。

信息时代，好的品牌对于学校的发展至关重要，品牌优势有助于培养竞争优势，从而促进学校的发展。尤其是在高等教育步入大众化、多元化的今天，学校品牌建设与推广显得尤为重要。学校可以利用微信公众平台推送关于学校招生就业、学生活动、学术报告、素质教育等方面的最新资讯，增加自己在学生、家长、社区乃至国际中的关注度，实现学校品牌的病毒式传播，大大节约宣传成本。

二、微信公众平台的设计

1. 设计目标

辽宁工程职业学院微信公众平台将满足师生在院务公开、招生就业、校内外资讯、服务师生等方面的需求。结合学院各部门的主要工作内容，微信平台既可以用于发布传播学院有关活动、通知公告、招生就业信息等内容，又能实现作为互动交流的平台，增强师生之间的良性互动。

微信公众平台的建立是利用移动互联网技术和微信技术，按照一定的内容标准和展现标准，在移动设备平台上对现有学院的功能信息进行整合再现。通过架设微信服务平台服务器，建设数据交换库，实现对原有系统和网站等的数据接驳，可以方便地实现系统和网站等的数据与微信数据同步。

2. 开发和运行环境

本微信公众平台的开发语言采用 PHP，选用开源数据库 MySQL，利用微信提供的 API 来实现，开发出来的功能都是相对独立的。并且可以不断尝试新方法来完善平台，以便减少数据传递复杂度。平台的运行环境是 Windows XP、Linux。

3. 平台架构

在微信公众平台架构中，当用户发送服务请求时，微信服务器接收服务请求，并将请求转发至业务服务器。通过微信服务器与业务系统的每个应用功能进行信息交互，微信服务器负责接收来自微信客户端的业务请求，并根据业务请求调用相应的业务系统，如图 10-1 所示。

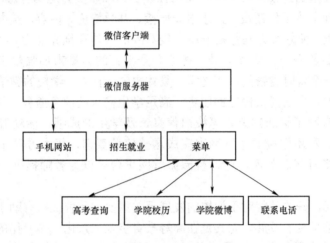

图 10-1　微信公众平台架构

4. 平台的功能

辽宁工程职业学院微信公众平台主要分为"招生信息""就业指导""高考查询""报修平台""学院微博""手机网站"等栏目。微信公众平台将通过文字、图片、视频、语音等多种形式传递校园内外新鲜资讯，展现学校的多姿风采；通过线上线下互动，倾听师生的心声，提供最新的学院活动、通知公告、专业介绍等学习生活服务方面的信息，与大家分享在学习生活中的感受与体会，采取自动回复、实时回复的方式解答用户的疑问，帮助用户获得所需的生活服务、出行提示等有关信息，极大地满足了学院师生在第一时间对学校最新的权威资讯的需求。

三、功能模块的实现

1. 平台通信

微信公众平台的通信体现了微信客户端、微信服务器及业务服务器三者之间的通信。当微信用户向微信公众平台发送一条消息时，消息将通过微信服务器转发至业务服务器，业务服务器对请求处理后返回这个请求的结果，再由微信服务器发送到微信客户端，如图 10-2 所示。

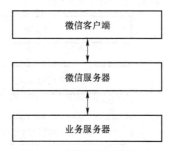

图 10–2　平台的通信流程

2. 关注事件模块

服务器在通信时与微信公众平台的接口模块是关键。用户关注或发送任意消息都会被打包成 XML 文件发送到 Web 服务器，微信接口模块会接收到微信端以 POST 形式发送来的信息。

当用户以扫描二维码或者添加微信账号的方式关注了"辽宁工程职业学院微信公众平台"时，服务器的插件接口将以 XML 形式给用户返回消息。

3. 信息接收与信息发送

微信公众账号在接收到用户发送的消息后，首先需要判断消息的类型，然后将消息转发给业务服务器，服务器通过对消息类型进行判断，以确定使用何种消息类型进行回复，如图 10–3 所示。

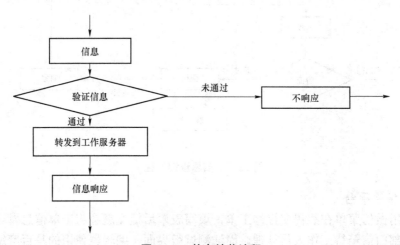

图 10–3　信息接收流程

用户发送的消息请求首先被微信服务器进行验证，对验证未通过的消息，服务器拒绝向业务服务器发送服务请求，只有通过验证的消息，微信服务器才将该消息转发至业务服务器，如图 10–4 所示。

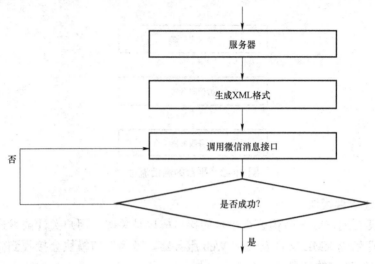

图 10-4 信息发送流程

4. 信息查询

信息查询业务根据请求查询应用业务中的数据,将查询结果解析成 XML 格式并回复至微信服务器。业务分发器负责接收来自微信服务器的业务请求,根据请求调用对应的业务服务器,并将查询结果返回给微信服务器,如图 10-5 所示。

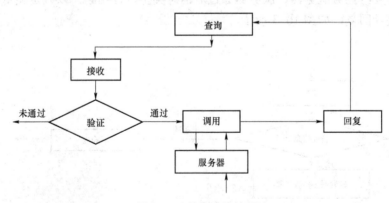

图 10-5 信息查询流程

5. 报修平台

利用微信菜单在线提交报修工单,填写表单后提交就会将工单信息发送至指定相关部门信箱待工作人员处理。简洁测试版界面,编辑器使用的是百度编辑器 Ueditor。